校企双制
人才培养模式及评价体系

XIAOQI SHUANGZHI
RENCAI PEIYANG MOSHI
JI PINGJIA TIXI

汪立极　罗国生　著

暨南大学出版社
JINAN UNIVERSITY PRESS

中国·广州

图书在版编目（CIP）数据

校企双制人才培养模式及评价体系/汪立极，罗国生著. —广州：暨南大学
出版社，2016.3
ISBN 978 – 7 – 5668 – 1754 – 9

Ⅰ. ①校… Ⅱ. ①汪…②罗… Ⅲ. ①技工学校—人才培养—培养模式—
研究 Ⅳ. ①G718.1

中国版本图书馆 CIP 数据核字（2016）第 038389 号

出版发行：暨南大学出版社

地　　址：中国广州暨南大学
电　　话：总编室（8620）85221601
　　　　　营销部（8620）85225284　85228291　85228292（邮购）
传　　真：（8620）85221583（办公室）　85223774（营销部）
邮　　编：510630
网　　址：http：//www. jnupress. com　http：//press. jnu. edu. cn

排　　版：广州市天河星辰文化发展部照排中心
印　　刷：佛山市浩文彩色印刷有限公司

开　　本：787mm ×960mm　1/16
印　　张：11.5
字　　数：211 千
版　　次：2016 年 3 月第 1 版
印　　次：2016 年 3 月第 1 次

定　　价：26.00 元

（暨大版图书如有印装质量问题，请与出版社总编室联系调换）

序　言

　　汪立极和罗国生两位老师写的《校企双制人才培养模式及评价体系》一书，是近年来涉及校企合作领域的为数不多的一本著作，有很强的实用性。具体地说，本书涉及以下重要内容：

　　第一，以技师工作站为平台，探索了校企共同培养预备技师的模式，建立和完善了技师工作站的管理制度和文件。

　　第二，建立了"基于工作过程的项目课程高技能人才培养模式"，开发了一套"基于工作过程的项目课程"指导性意见，形成了一套课程体系开发标准。

　　第三，探索了校企双制高技能人才评价模式，建立了校企双制高技能人才评价体系。

　　纵览本书，汪立极和罗国生的工作，至少有以下几个方面的创新：

　　第一，技师工作站培养预备技师模式加强了校企合作，密切了学生、企业导师与校内导师的关系，使得学生得到了更好的锻炼。同时，教师深入企业，熟悉了企业项目的运作，提高了科研能力，实践项目课题完成后形成了一套完整的预备技师项目课题工作方案，为后续课题研究提供了丰富的经验和资料借鉴。

　　第二，"基于工作过程的项目课程"培养模式，以项目为载体，以工作任务为目标，将高技能人才的学习过程和企业工作过程密切联系起来，实现一种"零距离对接"，即培养过程与生产过程"零"距离、技能等级与实际能力"零"距离、职业能力与就业能力"零"距离，从而促进学生综合职业能力的养成。

　　第三，前期的企业深度介入和规范要求实现了与企业行业的紧密结合，而培养的有效性保证了评价的有效性，与企业的紧密结合使校企双制评价出来的人才的含金量、权威性、认可度得到了保障。

　　第四，培养、考核和评价相结合，重视以工作现场考核评价、以实际工作效果代替考核成绩，真正体现了岗位能力本位的培养目标。

　　校企合作是技工学校和技师学院的天然优势。历史上大部分技工学校都是企业办的，企业和学校是天然结合在一起的。只是后来遭遇变化，学校和企业发生分离，这才产生了现在普遍存在的"校企合作"问题。汪立极和罗国生两位老师写的这本书，总结了学校重新实现校企合作的方法、方式和规程，从这个角度上看非常有意义。

　　当然，从宏观上看，技工学校和技师学院的校企结合还要考虑国家的、地方的产业政策，一定要选对、选好方向。就像爬山一样，你要选准山头，想一想这个山头爬过去以后是悬崖陡壁，还是一马平川。你选不对山头，费了很大劲儿爬上去，结果是一错百错，一失足成千古恨；你选对了山头，努力爬过去就是千里坦途，前途无量。所以要选准方向，考虑产业政策，把握正确再使劲儿，不然肯定是白费劲儿。

技工学校和技师学院的教育改革，要直指应试教育的命门要害。应试教育的目标是培养考场上的成功者和考试精英，但是考场成功不等于职场成功。对任何人来说，在个人生涯发展中最有决定意义的转折，是职场成功，是职业化的成功。在现代社会中，一个人职业化的完成、职业化的成功，才是一个人成长、成熟的标志，是一个人自立、飞跃的标志，是一个人真正成为社会人的标志。

所以，学校工作的核心任务就是帮助学生完成社会化。而现代社会的社会化就是职业化，就是帮助学生取得职场成功，而不是考场成功。这是世界教育思想潮流中的一个共识。从这个意义上说，职场就是对教育的硬约束。它是一个先决条件，是校企结合存在的理由。

全面地看，校企结合要完成五个方面的全面深度对接：教育和产业；学校和企业；专业设置和职业岗位；课程教材和职业标准；教学过程和生产过程。所以，校企合作不是一个临时性的、应变性的、战术性的政策，它直接关系到我国职业教育目标甚至整个人力资源发展战略的实现。

无论是促进孩子自身发展、自我实现，还是为企业培养骨干栋梁人才，从根本上说，从我国人力资源开发的全局说，就是为我国重新建设和培育一支强大的技术技能劳动者队伍，并逐步让他们成为社会的中坚力量，成为中国新兴的中产阶级的主体。这是未来三十年我国经济发展的关键，也是未来三十年我国社会稳定的关键。

总之，让学生能尽量早一些到工厂去，到企业去，到社会经济发展最需要的地方去，到个人人生成长机会最大的地方去。我们希望为国家发展中的职场大花园培养各行各业的领军人物，培养职业精英、职场英雄。所以，孩子们在企业，不是简单地顶岗劳动、学艺干活，不是仅仅把握职业知识和职业技能，更重要的是了解各个职业的属性、特征、地位，培育职业精神、职业荣誉，了解职业劳动的尊严和权利，使自身人力资本不断升值，使自己的人生和祖国的发展更紧密、更完美地结合起来。

国家教育咨询委员会委员

中国就业促进会副会长

北京大学中国职业研究所所长

2015 年 12 月 1 日于北京

目　录

第一章　校企双制办学模式

第一节　办学背景

一、我国高技能人才需求现状

进入二十一世纪以来，随着我国经济发展方式的转变和产业结构优化升级的加快，高新技术在现代企业的生产服务过程中被不断推广和运用，企业对人力资源素质提出了更高、更快、更新的要求，"高技能人才"正是这一类社会急需人才通用的名称。从广义上讲，高技能人才是指熟练掌握专门知识和技术，具备精湛的操作技能，能够解决关键技术和工艺难题，具有本职业高级工、技师及高级技师相应职业技能水平，并持有相应职业资格证书的人员。高技能人才在提高企业的市场竞争力上的作用日益凸显，在经济社会发展中的作用和地位已被越来越多的人所共识。社会各界比较一致的评价是：高技能人才是推动技术创新和实现科技成果转化的实践者和推动者，是增强企业核心竞争力、实现产业结构优化升级、转变经济发展方式、开展社会主义现代化建设的生力军。

企业对高技能人才的需求呈现越来越强劲的势头。然而，传统的高技能人才培养模式及由此而培养的高技能人才的数量、质量，远远满足不了企业的需求，社会对高技能人才的需求与日俱增同高技能人才短缺的矛盾日益突出，成为制约我国产业转型升级的"瓶颈"。为此，国家将高技能人才培养工作上升到国家战略，在全国范围内大力推进高技能人才培养工作，先后出台了《中共中央国务院关于进一步加强人才工作的决定》（中发〔2003〕16号）、《国务院关于大力发展职业教育的决定》（国发〔2005〕35号）、《关于印发新技师培养带动计划的通知》（劳动部发〔2006〕16号）、《关于推动高级技工学校技师学院加快培育高技能人才有关问题的意见》（劳动部发〔2006〕31号）、《关于印发高技能人才培养体系建设"十一五"规划纲要的通知》（劳动部发〔2007〕10号）、《国家高技能人才振兴计划实施方案》（人社部发〔2011〕109号）等政策文件，要求切实做好高技能人才队伍，特别是技师、高级技师的培养工作，进一步加强高技能人才队伍的建设，有效缓解国民经济发展对高技能人才的迫切需求。在国家层面的指导下，加快培养和造就一支与国民经济和社会发展相适应的高技能人才队伍，这一战略被各级人民政府确立为优先发展的战略任务之一。

二、校企合作办学对高技能人才培养的作用

多年的职业教育实践证明，高技能人才的培养离不开学校与企业之间的密切合作。利用现有教育培训资源，充分发挥企业和学校培养高技能人才的基础作用，通过创新校企合作模式，可以有效拓展高技能人才培养平台，实现多渠道、多形式、全方位培养高技能人才的工作目标。

（一）校企合作办学符合高技能人才培养规律

培养数量充足、结构合理、素质优良的高技能人才，需要科学的教育方法。实践证明校企合作是提高教育教学质量的重要途径，是职业教育规律的体现。高技能人才培养需要依托企业，因为高技能人才的需求来源于企业，高技能人才的使用在企业，高技能人才的评价也在企业。因此，学校的专业设置、教学计划、课程设置、高技能人才培养方案都要以企业的实际需求为起点，以企业的参与为支撑，以企业的评价结果作为不断改进新循环的开始。可以说，企业的评价是学校培养高技能人才的起点和终点，校企合作是培养高技能人才的必由之路。

（二）校企合作可以促进经济的可持续发展

校企合作是学校与企业两类不同社会组织的结合，是双方人力、物力、财力资源的整合。学校与企业的关系，本质上是教育与经济的关系，而校企合作是教育与经济密切结合的平台。延伸与提升校企合作关系，通过合作教育、合作生产、合作科研，充分发挥各自优势，可以很好地实现互利共赢。高技能人才是人才队伍的重要组成部分，是企业获得效益的第一要务。企业通过与学校合作培养高技能人才，合作研究开发新产品、新工艺、新技术，能给企业带来经济效益的提升，促进社会经济的可持续发展。

（三）校企合作是促进学生就业的有效手段

企业是市场经济条件下的用人主体，学校培养高技能人才就是为了满足企业对高技能人才的需求。校企合作是学校了解企业、服务企业的桥梁与纽带，通过校企合作培养出的学生受到企业的欢迎。通过下企业实习，学生了解了企业，企业也了解了学生，为企业选聘合适人才、学生选择合适岗位提供了便利，从而有力地促进了学生就业。而且，由于双方已深入了解，就业对口率和稳定率非常高。

（四）校企合作可以实现双方的共同长远利益

校企合作以建立符合双方共同长远利益为平台，为双方持久发展打下坚实的基础。一是学校通过承接课题、开发项目、开展咨询、技术服务等多种形式，在服务企业的同时带动了高技能人才培养工作。二是加强了学校专业与企业岗位的对接。学校按照企业生产、技术岗位特点及时调整专业设置、课程内容，制订严格的培养计划，为企业培养针对性强、实用性强的高技能人才。三是在师资队伍建设上，企业通过选派技术骨干到学校担任兼职教师，校企互动、资源共享，对高技能人才培养具有针对性和实效性，大大提升了人才培养质量。

三、开展校企双制办学的可行性

校企双制办学是否可行，取决于学校、企业的发展利益与意愿，同时与政府的政策和指导密不可分。目前，无论是客观事实还是主观意愿，三方对校企双制办学都持积极的态度。

（一）学校通过校企双制办学可以全面提高办学质量

校企资源优势互补，是培养高技能人才的有效途径。校企双制办学是深化学院内涵发展的抓手，通过实施校企双制办学，可以有力地促进学校的办学理念创新，促进学校教育教学观念、教学管理、师资队伍建设、学生综合素质等的改革创新，提高学校专业建设水平、教科研水平和办学质量。

对于学校而言，要培养更多、更好的高技能人才，就必须争取更多的教育资源，提升教育质量，让学生高质量就业。为此，学校的专业设置、教学计划、课程设置、教育教学活动，都应以企业的需求为起点，以企业的参与为支撑，以企业的认可为目标。通过合作办学，学校不足的教育资源可以得到有效的弥补。

（二）企业通过校企双制办学能有效满足用人需求

企业是以营利为目标的经济组织，企业存在的价值就是创造利润，高素质的员工是创造价值的重要人力资源。企业通过创建学生实习基地，给学生提供实践机会，可以帮助学生提高实战技能水平；企业提供科研项目、技术课题、经费资助，搭建成果转化平台，学校师生参与研发，可以为企业创造新的价值；企业难招人，员工流动性大、不稳定，企业通过与学院合作，招工即招生，使员工拥有边工作边学习的机会，形成企业招工优势；双方合作开展多种形式的弹性学制教育和职业技能提升培训，可以为企业的持续发展提供优质的高技能人才。

（三）国家对校企双制办学给予政策支持和指导

近年来，国家对校企合作办学工作高度重视，出台了大量政策、文件和指导意见。其中《国家中长期教育改革和发展规划纲要（2010—2020）》中提出："建立健全政府主导、行业指导、企业参与的办学机制，制定促进校企合作办学法规，推进校企合作制度化；制定优惠政策，鼓励企业接收学生实习实训和教师实践，鼓励企业加大对职业教育的投入。"

为深入贯彻落实《中共广东省委广东省人民政府关于统筹推进职业技术教育改革发展的决定》（粤发〔2011〕14 号）和《广东省职业技术教育改革发展规划纲要（2011—2020 年）》（粤府办〔2011〕39 号）关于"推进校企合作深度融合、积极探索推行'校企双制'等工学一体化人才培养模式的工作要求"，2012 年广东省人力资源和社会保障厅印发《广东省学校"校企双制"办学指导性意见》（粤人社发〔2012〕178 号），文件指出："在全省学校开展'校企双制'办学改革，引领我省技工教育校企合作办学和高技能人才培养的示范院校，力争到 2020 年基本建立起具有广东特色的'校企双制'办学制度。"2013 年 3 月，广东省人力资源和社会保障厅批准广东省 30 家技师学院、高级技工学校作为示范学校试点探索开展"校企双制"办学，明确指出"推行校企双制办学，是新形势下职业教育探索新的办学模式、建立新的人才培养机制的有益尝试和重要工作部署，有利于促进试点院校自身深化教育教学各方面改革，同时引领学校加快实现从注重扩大规模向全面提升办学质量这一关键性转变"。

第二节　办学内容和方法

一、校企双制办学的内涵

广义上讲，校企双制办学是指在政府的支持、协调、指挥下，从技能人才的培养、使用规律出发，通过整合学校和企业双方资源，发挥学校育人机制和企业的用人机制的耦合作用，建立人才培养和使用紧密结合的新机制，使学生的学习目标更加明确，学习动力更加充足，学习手段更加多元，学习效果更加明显，最后实现人力资源的优化提升和有效配置，促进经济和社会的发展。

根据《广东省学校"校企双制"办学指导意见》定义，校企双制办学是"依据技能人才培养和使用的规律，依托院校和企业双方优势资源，通过政府出政策、企业出岗位、院校出学位，校企联合招工招生、送岗送学、双制培养，充分发挥院校育人机制和企业用人机制的耦合作用，建立院校和企业共同培养技能人才的新的办学制度"。其校企双制示范创建工作思路为：以高端现代产业体系为支撑，借鉴国际职业技能的发展和技术标准；以服务为宗旨，走校企合作的发展道路；依托行业技能联盟合作平台，实现教育与产业相结合、教育与科研开发相结合、教育与培训相结合的人才培养模式；以校企双制示范园为抓手，创新校企双制人才培养机制建设，形成"三层合作、多方共建、互利多赢"的办学体制；逐步实现全面开放办学，形成利益共享、责任共担、多方共赢的运行和保障机制。

二、校企双制办学形式

校企双制办学主要有两种形式：一是招生即招工的全日制双制班，主要面向初高中毕业生开展以综合职业能力为培养目标的中高等技工教育，学员的身份主要是全日制学生；二是招工即招生的在职双制班，主要面向企业在岗职工，开展弹性学制技工教育和职业技能提升培训，培养中高等技能人才，学员的身份主要是企业员工。推进和实施校企双制培养技能人才工作，首先在于学校和企业有一个共同的理想和目标：基于企业用人需求，校企双方根据"资源共享，优势互补，责任同担，利益共享"的原则，共同培养符合企业岗位需求的技能人才，满足企业对技能人才的需求，形成校企互利、合作共赢的局面。

校企双制办学的两种形式均有利于学生将理论知识与实践结合，有利于学生掌握岗位技能；可以让学生及时了解企业对技能人才的需求，使学校专业设置与企业岗位能力要求相适应。同时，校企双制办学可以加强学校与企业在教学、科研方面的合作与交流，构建产、学、研交流平台；可以引进企业的先进理念、先进技术、先进管理方法，为教学改革提供依据；可以为教学提供真实环境，为学生提供实习、就业岗位，为员工提供技能培训、技术提升平台，为教师提供岗位培训、技术研究、项目开发平台，为人才培养提供课题研究平台。

三、校企双制办学工作内容

校企双制办学工作内容主要集中体现在以下八个方面：

（1）校企共同制订招工招生计划。学校与企业根据人才培养方向和目标，共同制订详细的招工招生计划，共同参与招生工作，录取的生源具有双重身份——既是学校的学生，又是企业的准员工。

（2）校企共同制订培养计划。为保证教学内容与生产实际紧密对接，人才培养计划的制订，需由学校与企业共同对岗位工作任务与职业能力进行典型工作项目的分析、遴选，共同完成工作过程导向的项目课程教学大纲编制、教学计划制订。

（3）校企共同参与专业建设。学校与企业经过深入沟通，如电话会议、现场讨论、头脑风暴研讨会等多种形式，共同探讨产业发展状况，完善专业规划，使专业定位符合岗位需求及未来发展趋势。

（4）校企共同开发课程体系。校企共同分析企业工作任务，开发相应课程体系，实现课程与岗位知识及能力需求的无缝对接。

（5）校企共同组建教师队伍。学校教师与企业技术骨干共同组成教师队伍，共同完成教学任务。

（6）校企共同实施教育教学。校企双方教师共同为学生授课。在课程安排上，可根据实际情况，学校教师偏重理论知识教学，企业教师偏重实践知识教学。

（7）校企共同搭建管理队伍。由校企双方人员组成管理团队，在重大事件上双方共同参与，分工合作，建立有效的管理架构和畅通的沟通渠道，使工作运作稳定。

（8）校企共同开展考核评价。由校企双方共同制定评价标准，共同对学生（员工）实施考核评价。

当然，校企双制的内容应不限于"八个共同"，学校与企业可根据实际情况，依据不同专业的特点，探索各具特色的校企双制办学模式。关键要看人才培养质量是否得到提高，是否能够实现"校企双赢"的结果。

四、校企双制办学步骤和流程

根据广东省人力资源和社会保障厅下发的《广东省技工学校"校企双制"办学模式创建与实施技术操作规程》，实施校企双制办学程序的主要步骤如下：

（一）行业企业调研，确定合作企业

校企双制办学模式无论对学校还是对企业来说，都是一种新生事物，学校需要进行长时间的宣传推广，让广大的企业了解这种培养模式，并体会到学校为企业服务的态度。在此基础上，企业会提出校企双制办学的意向，学校则通过企业调研，甄别该企业是否适合开展校企双制办学。甄别的方法一般是通过互访、座谈、参观等形式。在这个过程中，企业考察学校的办学实力和专业设置等条件；学校考察企业的用工规模、岗位设置及其技能要求，

撰写调研报告。通过这一环节，基本可以明确校企双方共同办学的关系，并开展双制办学的具体推进工作。

（二）人才需求分析，确定用工岗位

确定合作企业以后，学校和企业一起研讨，对企业的人才需求进行分析，具体包括各岗位的在职人员数量、目前技能水平的现状、过去每年各岗位的招聘人数，根据企业的生产规模和发展规划，科学预测未来几年各岗位人才的需求量，以及各岗位的技能要求发展状况，撰写该企业的人才需求分析报告，从中确定企业的哪些岗位符合学校的专业设置和国家职业标准，将这组岗位确定为校企双制班学生毕业后的工作岗位。该环节需要根据培养层次（中级工、高级工或技师）结合企业岗位实际来确定，确定岗位对教学内容的设置、企业文化的培养具有实质性意义。

（三）职业与工作分析，确定人才培养目标

在确定了校企双制班的工作岗位群以后，学校专业骨干教师需深入企业，与各岗位现职人员深入交谈，记录调研数据，撰写工作分析报告。对这若干个岗位进行更详细的职业与工作分析，可借助鱼骨图等分析工具，罗列每一个岗位的具体能力要求，包括胜任该岗位所需的知识与技能、工作素养、通用能力等，在此基础上描述人才培养的具体目标。所制定的培养目标是开展教学的指挥棒。

（四）开展招生招工，组建试点班级

有了合作企业，确定了培养目标，即可开展招工招生的工作，常见有以下三种情形：①企业通过社会招聘确定一批准员工（或从在职员工中组合一批人员），输送到学校作为正式学生共同培养；②学校完成新生录取后，企业在学校的新生班级或二年级的班级中招聘准员工，重组成为校企双制班；③在招生前期，企业与学校一起开展招生招工。在招生招工的过程中，可以通过宣讲会、现场会等形式对学生进行招聘动员，使学生了解企业，从而踊跃加入校企双制班。

（五）工作任务分析，设置培养课程

在正式组建了校企双制班以后，专业教师需要召集企业相应岗位的在职人员开展访谈会，各与会人员罗列岗位的代表性工作任务，汇总典型工作任务，确定一体化课程，编制教学计划表，并借助鱼骨图等分析工具对各代表性工作任务进行分析，从而挑选出合适的学习任务。学习任务的设置既要考虑通用的技能，满足该专业国家职业标准的要求，又要考虑企业的专项技能，以实现与岗位的零距离对接。

（六）课程概要分析，校企师资共组

确定了课程列表以后，专业教师与企业共同分析每门课程的实施情况。一般而言，通用知识与技能主要由学校的专业教师任教；企业特有的专项技能主要由企业派出工程技术人员作为兼职教师任教。因此，校企双制班的任课师资队伍肯定是校企双方共同组建的。在制订教学计划的同时，需要规划好各门课程的任课教师，为教学实施提供师资保障。

（七）对接任务要求，开发课程内容

确定了一体化课程、选择了学习任务以后，专业教师召集企业相应岗位的在职人员，利用学习任务描述表，一起对各学习任务进行分析并作出具体的描述，将岗位工作任务的内容、过程、标准及组织形式等转化为课程的学习目标、学习内容、参考性学习任务及其基准学时、教学实施建议和考核评价要求等，进而汇编成课程标准。课程标准是人才培养方案的重要组成部分，是教学实施的基本依据。

（八）分析课程实施要求，确定教学实训场所

确定了课程标准以后，专业教师与企业共同分析每门课程的教学资源。一般而言，通用技能的实训，主要在学校内的实训室进行；企业特有的专项技能，一般在企业内的生产车间完成。因此，校企双制班的教学资源必然是校企双方共享的，这是提高教学效率的有效途径。在确定教学计划表的同时，不但要确定每门课的任课教师（是学院安排还是企业安排），还要确定每门课的教学场所。这是校企双制班人才培养方案的另一个重要组成部分，通常被列入校企合作办学的协议中，以增强对教学资源的保障。

（九）合作可行性评估，确定人才培养方案

确定了教学计划、校企双方的师资安排和校企双方的教学场地安排等重要因素后，即可与前面得到的课程标准汇编成校企双制班的人才培养方案。人才培养方案经校企双方充分的论证、评估，确定具有操作性后即可由双方盖章确认，作为教学指导文件，用以规范培养期间的教学实施。校企双方应严格执行既定的课程方案，以确保人才培养目标的实现。

（十）教学活动策划，课程组织实施

成功组建校企双制班，并共同制订了人才培养方案后，开始从开发阶段转入教学实施阶段。校企双制班的一体化课程教学实施与非试点班的一体化教学实施没有本质区别，均按照工学一体原则，在工作页的引导下，以学生为中心，通过自主探究、小组协作、以工作过程为教学的组织流程，通过完成学习任务获得知识、技能和工作素养，并从工作总结与反馈中获得知识的系统提升。具体的教学活动策划一般包括每一教学活动阶段的学习内容、学

生学习活动、教师教学活动、学习资源准备、评价点、学习时间、学习场地等因素。

（十一）组建管理团队，过程质量监控

教学实施过程的监控与管理，与非试点班最大的不同在于：除了基于校园文化的校纪校规以外，还基于企业文化的生产管理规范。因此，校企双制班的管理团队也是校企共同组建的，在校期间以校内的教学管理为主，在企业期间以企业管理为主。双方对学生进行过程考核，且每个学期一起对学生开展职业能力测评，测评结果用于修正今后的教学实施。如果校企双制班实行淘汰机制，测评结果将作为淘汰的重要依据。

第三节　办学模式及实践探索

一、订单培养模式

企业提出人才培养规格和要求，学校制订培养计划，校企签订订单培养协议。企业可根据教学需求，提供相应的实训设备、师资、技术资料等，适时参与过程培养。主要形式如下：

（一）委托培养

委托培养是企业因为缺少教育培养资源，委托学校招生培养高技能人才的一种模式。如"招生即招工"的全日制双制办学，不仅可以帮助企业解决用工和稳工难问题，还可以面向企业在岗职工开展技能提升培训，帮助企业解决提升员工素质这一问题，同时也能带动学校的全面发展。

案例　委托招生培养，解决用工难题

2013 年 6 月 15 日，广东岭南现代技工学校与广东宝丽华新能源股份有限公司成功签订校企合作协议。宝丽华公司委托广东岭南现代技工学校公开招录应届高中毕业生就读火电集控运行专业，校企共同在企业所在地——梅州面试挑选 300 名应届高中毕业生作为委培对象入读学校对应的专业，实现招生即招工。同时，由企业提供部分教学设备、岗位，派遣工程师参与部分教学、管理及教学计划的制订。学生以准员工的身份进入技校，就读期间安排半年到电厂跟班实习。完成学业的学员经校企双方考核合格后将直接招收成为公司下属电厂的正式员工，毕业即就业。结合政府补贴政策，通过企业出资、学校减免等，被录取的学生免收三年学费、住宿费、教材资料费、考证费等，在校学习期间公司另按每人每月 500 元的标准补贴生活费。

（二）定向培养

定向培养即学校按照企业对人才的需求标准为企业培养高技能人才，学员毕业后直接到企业工作的一种培养模式。该模式以企业需求为宗旨、以学生就业为导向、以培养学生的职业能力和职业素质为目标，强调对学生综合素质和动手能力及解决实际问题能力的培养，使学校教学贴近生产、贴近企业。

案例　校企双制培养，定向输送人才

2013年，广州市交通技师学院与东风本田公司合作开展定向班培养企业所需高技能人才，采用2+1工学结合校企双制培养模式：前两年在校学习基础课程和专业课程，第三年学习东风本田课程，然后到特约店实习。双制培养过程中由企业方提供部分教学设备、岗位，派遣工程师参与部分教学、管理及教学计划的制订。毕业时学生与特约店签约，定向输送到全国各4S店。

（三）冠名班

冠名班即以企业名称冠名某专业班级，培养高技能人才的一种模式。通常情况下，冠名班可根据企业的岗位需求设置专业课程，或将企业的生产线模拟到学校课堂上，学生的实习将被安排到冠名企业进行，让学生全面了解企业的生产流程、企业管理模式、企业文化，使学生清楚地认识到所选择企业和个人的发展方向。该培养模式不仅可以促进学生就业，也有利于学生职业能力的提高。

案例1　名企冠名，双制培养

从2010年开始，深圳技师学院与世界500强企业——蒂森电梯公司共同举办电梯专业"蒂森班"冠名班，已连续举办四届，累计招收全日制学生152人，所有学生均按照校企双制办学模式进行培养。首先，校企双方根据人才培养方向和目标共同制订详细的招工招生计划，指派人员共同参与招生工作，录取的生源具有双重身份——既是学院学生，又是合作企业的准员工。入学时，企业、学院、学生签订三方入班协议，采取以学院为主，共同管理的模式，由校企双方教学管理人员组成管理团队。管理层次和结构为：①院方：系主任→系副主任→教研室主任→班主任；②企业方：总公司人力资源总监→校企合作项目经理→总部专员→深圳分公司人事经理。在重大事件上，双方共同参与、分工合作，公司方面与学生每月沟通一次。有效的管理架构和畅通的沟通渠道，使学校、企业、学生之间的信任度提高，班级运作十分稳定。

案例2　组建冠名班，招生即招工

广东省岭南工商第一技师学院根据东风日产汽车公司提供的相关岗位（专业）的需求量，招生组建"东风日产班"，为东风日产公司订单培养人才，打造企业技能人才"储备库"，仅2013年"东风日产班"就招生200多人。教学计划由学校与东风日产公司共同制订，公司派出多名讲师参与授课，内容涉及企业文化、职业素养、基本技能和专业课程五大块。学校与企业共同参与教学评价，共同制定职业能力评价制度，共同对学生进行综合考评；同时，学校加强与企业的交流探讨，掌握学生在企业的表现，实行严格管理。将企业对学生评价与学生在校的评价有机结合起来，关注学生的综合职业能力的发展，促进了学生综合能力的提高。企业在每届学生完成全部在校应修课程后，严格按照公司标准进行考核，合格者进入公司生产线，成为公司正式员工。

二、校中厂模式

校中厂模式即引企入校，其投资主体是企业和学校，按照企业管理模式运作。由学校提供场所，企业投入生产设备，建立生产车间，引入生产线，双方实行企业产品生产和学生实习实训、生产加工的深度合作，将产品加工作为生产实践教学的典型教学项目，在实训指导教师的带领下完成生产加工任务，将基础技能操作和企业产品提升技能操作有机结合。该模式由校企共同实施教学，实现生产车间与实习车间合一、教师与师傅合一、学习与生产合一、作品与产品合一。通过生产产品、研发技术、服务社会等生产性过程，实现经济效益，并在生产过程中培养学生的实践技能，提高学生的综合职业能力。

案例1　产品引领，多轴联动，培养精密制造技能人才

广东省机械技师学院结合模具数控专业学生就业的主要岗位，采取"企业入驻、产品引领"模式，开展"校企双制"办学。该校与广州里工实业有限公司合作，由学校提供生产车间，企业投入生产设备，双方合作实现企业产品生产和学生实习实训、生产加工的深度合作，形成"校中厂"；与惠州亿宝有限公司合作，引入公司LED显示屏机架生产线的长线产品，将产品加工作为生产实践教学的典型教学项目，在实训指导教师和"导生"带领下完成生产加工任务，将基础技能操作和企业产品提升技能操作有机结合，学院与

校企共同实施教学，最终实现生产车间—实训基地联动、学生—学徒联动、教师—师傅联动、学生—助教联动的"长线产品引领，教—赛—产多轴联动"人才培养模式。

案例2　引企入校，共建企业全真实训场地

自"校企双制"示范创建以来，广州市轻工技师学院与神州数码公司合作，在校内建立了"轻工 IT 授权服务中心"。投资主体是企业和学校，在校内打造真实的企业工作环境，运作模式为企业化管理的形式。学校根据企业对职业岗位的要求确定课程目标，遴选教学内容，引进高标准的作业流程与服务规范，构建以工作任务为导向的项目课程体系，实施以能力为本位、职业实践为主线、项目课程为主体的模块化课程改革，让学生在生产性实训基地学习职业知识、职业技能，掌握生存的真本领，实现教学与企业对接，有效地提高学生的综合职业素质与能力。

三、厂中校模式

学校充分利用企业资源，在企业设立分校，为学生、企业员工开展教学、培训工作。厂中校由校企共同管理，双方共同制定教学大纲、培训计划及人才评价考核办法等。

案例1　在产业园区设立分校，合作培养高技能人才

2012 年，深圳技师学院探索在园区设立分校或培训中心，充分利用企业资源，为学生、企业员工开展教学、培训，探索工学结合培养高技能人才模式。学院与大型珠宝产业园区企业——深圳宝福珠宝有限公司签订合作协议，在该公司设立分校（兼员工培训中心），共同为学生、企业员工开展教学、培训工作。截至 2013 年年底，分校已接收、培养珠宝首饰专业学生 498 人、企业员工 563 人。

另外，深圳技师学院在深圳市水贝珠宝产业园区设立分校（兼员工培训中心），送教上门，为企业员工提供技能培训服务。目前，已累计向园区企业输送珠宝专业毕业生 800 多人，为园区企业的 3 000 多名员工开展技能培训，为园区企业 5 000 多名员工提供职业技能鉴定服务，得到了深圳市罗湖区政府、深圳珠宝首饰行业协会、水贝珠宝产业园和园区企业的一致认可和高度评价。

案例2　共建培训学校，服务园区企业

2013 年 3 月 26 日，广东宏杰商学院在汕头市产业转移工业园举行隆重的揭牌成立仪式，这是广东宏杰内衣实业有限公司、西安工程大学和广东省粤东技师学院联合在汕头市产业转移工业园中设立的分校。该分校是广东省粤东技师学院在园区中设立的，与入园服装企业合作开展的"非全日制""校企双制"教学模式试点，为园区服装企业提供技能、提升培训服务的一个重要的教学基地。

四、共建实训中心

校企依托双方的优势资源，通常由企业提供设备、资金，帮助学校建立实训中心，并模拟公司生产方式运作。通过共建实训中心，合作培养高技能人才，可以实现校企"双赢"。学校赢在拓展教学资源，推动教学改革，提高人才培养质量；企业赢在学校完全按照企业岗位流程培养人才，学生熟悉企业设备的使用和操作，企业能得到与岗位无缝对接的高技能人才。

案例1　共建汽车技术实训中心，校企双制培养高技能人才

深圳技师学院与丰田汽车公司合作共建实训中心——"丰田 T－TEP 学院"，丰田公司提供实训设备（累计达 300 万元）、耗材、技术资料、培训师资。丰田公司利用每年召开的丰田 T－TEP 大会，与学院探讨产业发展状况和产业结构调整情况，共同规划、调整院校的专业设置，共同分析汽车维修行业人才现状和岗位需求，联合制定教学大纲和教学计划，编写课程和教材，共同制定、实施人才培养方案。同时，企业选派专家参与课堂教学，积极构建学院教师和汽车维修企业技术专家合作教学的师资团队，制定一体化课程教学评价标准，校企共同参与教学评价。学生在完成实习课题后，由企业和学院组织的职业能力评价小组对其在岗期间工作量、返修率、出勤率、5S 执行情况、参加丰田公司培训情况、课题报告完成情况等进行严格、细致的考核打分，确定学生的技能水平和技术等级。几年来，双方采用"校企双制"模式合作培养汽车技术领域高技能人才 286 人，经过 T－TEP 学院培养的学生多数毕业后进入丰田公司工作，深受企业的欢迎，汽车维修技术专业也日渐成为学院的品牌专业。

案例 2　文化交融，校企共建共享实训基地

广州市交通技师学院与宝马、保时捷、东风雪铁龙、东风标致、东风本田、美国宣伟、北京现代等 13 家企业在校内共建培训中心，合作企业投入校企合作项目资金总额上千万元。其中，新建立的宝马太和实训基地与东风本田实训基地是最受瞩目的两个合作项目。

2013 年 6 月，宝马集团太和培训基地开业庆典在该校隆重举行。宝马钣喷培训基地与机电培训基地融合了企业的"悦"文化与学院以"行"制胜的行者文化，是校企双方精诚合作的成果。全新建成的宝马太和培训基地，为宝马南区经销商和员工提供技术与非技术类的系统培训，全面提升他们的专业技能和服务水平。该校在与东风本田的校企合作项目中，共建东风本田广州市交通技师学院培训中心，并顺利合作开展学生订单培养和特约店在职员工培训。

案例 3　学校与名企联姻，合作共建实训中心

2012 年 12 月，深圳技师学院与华为技术公司、讯方通信技术公司举行了合作签约仪式，三方投资 600 万元在学院建立"联合创新实训室"，投入最先进的设备用于培养学生、培训企业员工，共同培养电子通信领域的高技能人才。截至 2014 年 6 月，联合创新实训室共为学生开展 3 350 人次实训，为企业员工开展 2 392 人次培训，先进的设备，辅以一流的师资教学，受到学员们的一致好评。

五、校企共建基地

（一）校企共建产、学、研基地

利用各自的人力资源、场地、设备、技术技能等优势，学校与企业共同成立新技术、新产品研发中心，建立产学研基地；双方利用基地开展教学、科研及协助企业进行产品研发、工艺改进等方面的合作，通过研发带动高技能人才培养工作。

案例 1　引企入校，共建产、学、研基地，"混合式学习"培养高技能人才

2013 年 10 月，针对 IT 行业的技术发展潮流及企业对人才的需求，深圳技师学院与上海智翔集团合作，创造性地开展基于 UBL（Ultrawise Blended Link，混合式学习）的 IT 技能人才培养模式。该模式将企业引入院校，校企共建三个开放式"产、学、研"基地——"嵌入式应用基地""移动应用基地"和"通信网络测试优化基地"。双方投入的软硬件设备总额为 1 630 万元，其中学院投入 701 万，企业投入 929 万。企业负责对学院实训楼按照企业标准举行规划设计和装修，引入企业真实的工作环境、企业标识及管理文化等。对学生的培养分四个阶段——技能储备阶段、仿真实训阶段、岗位实训阶段和实习就业阶段，特别是后两个阶段，完全是企业真实的、在市场中运作的工作项目，以保证该模式培养目标与企业需求更加贴近。通过国际流行的混合式学习模式及 ICCP 层级考核制度，将学生培养成现代 IT 行业优秀的高技能人才。双方合作的目标是：成为高校教育培养高素质技能应用型人才的教学基地，科研项目开发的基地，行业技术、信息资源和培训的基地，教学、科研、生产相结合的多功能基地和全国校企合作人才培养的样板。

案例2　开展产学研合作，助推企业产品升级

近年来，广东工业设计技工学校与中科院广州电子研究所、广东宝照科技有限公司等 16 家企业共建 15 个现代工业设计及先进制造技术研发和人才培训中心，并根据企业需求，引入"创新型挂烫机""牙科种植系统""牙科治理手机""LED 商务型灯""时尚家用 LED"等 20 多个高科技项目，将高技能人才培养与企业项目研发紧密结合起来，积极承接企业项目，用于人才培养和师资培养。在与企业共同开发的项目和自主研发项目当中，学院参赛的项目获得多个奖项；受企业委托设计的负离子 LED 灯、水浮莲家具、智能输液系统、无线投影装置器等科技含量高的项目已实现产业化，助推企业和产业升级的作用日益显现。

案例3　珠宝首饰系与福麒珠宝共建产学研中心

2011 年，深圳技师学院珠宝首饰系与深圳市福麒珠宝有限公司合作成立"产品研发中心"，开发新产品、新技术、新工艺。珠宝首饰系师生承担该中心的项目研发工作，每年按 4 个季度为福麒珠宝首饰公司提供新产品的研发、设计服务（分首饰设计与首饰起版两个大项），当年就为企业设计珠宝新品 210 款，其中 52 款设计方案被企业采用并投放市场，有的产品甚至远销欧美市场。与此同时，学院首饰设计技能俱乐部还为深圳市翠绿珠宝首饰实业有限公司开发、设计"婚庆"首饰产品，为深圳黄金资讯珠宝有限公司设计贺岁金条，为深圳天夏饰品有限公司研发设计自然主题新产品等。学院师生开发设计的珠宝首饰产品创意新颖，深受企业欢迎，被企业投放市场后受到了消费者的追捧，不少品种畅销国际市场。

（二）校企共建员工培训基地

学校与企业合作共建员工培训基地，为企业员工开展各类知识与技能培训，帮助企业员工提升专业知识与技能水平，为企业培养高技能人才。培训基地可设在学校，也可设在企业。

案例 建立员工培训基地，为企业提供教育服务

近年来，广州工贸技师学院积极探索与企业联合招工招生办学机制，送教到企业，在企业建立培训基地。学院在永兴工业园丹姿集团的下属厂设立培训基地，与企业联合开办"校企双制丹姿班"，首期有47名学员入读；与番禺宾馆合作开办了两期企业员工"大专＋高技"学历班，共有60多名学员入读；与佛山市工艺美术学会、佛山市（石湾）陶瓷创意产业园合作，在园区建立"广州市轻工技师学院工艺美术专业教育实践基地"，合作开办工艺美术高级工班，首期25名学员入读。学院充分发挥了学校培养高技能人才的优势，为企业员工的技能提升、素质提升提供服务，使人才培养更具针对性和实效性。

（三）校企共建竞赛基地

技能竞赛是训练、选拔、培养高技能人才的重要途径，竞赛基地的建设对开展好这项工作具有重要的作用。校企合作共建竞赛基地，搭建高水平的训练平台，共同组建教练队伍，对于选手成绩的提升有巨大的帮助。

案例 校企共建竞赛基地，取得优异的成绩

广东省机械技师学院将竞赛基地建设作为校企合作的重大项目，与6家企业合作开发技能竞赛项目，引入企业资金450万元建设数控、模具竞赛基地。赛前技术指导、比赛裁判、大赛使用的软件和部分设备，均由行业协会和企业提供，大赛命题也由二者共同负责；竞赛内容融入最新技术，竞赛方式融入职业要素，企业全程参与竞赛基地的建设、教练队伍的组建、选手的选拔和培训等工作。竞赛基地的建设保证了选手的培养，对选手成绩的提升产生了巨大作用，选手们参加世界技能大赛、全国各类技能大赛，均取得了优异成绩。

（四）校企共建技师工作站

由政府部门提供政策指导与资金资助，学校、企业共同建设技师工作站平台，合作开展"双导师制"预备技师培养工作。双导师团队由校企共同组

建，企业选派经验丰富、责任心强、专业功底扎实的技师、高级技师担任企业导师，学院指派"双师型"专业骨干教师任校方导师。选用企业真实生产项目、技术难题作为课题项目，建立相关管理制度，严格过程管理与考核评价，保证人才培养质量。

案例 校企共建技师工作站，培养全日制预备技师

为加快培养全日制预备技师，自 2010 年开始，深圳技师学院大胆借鉴和吸收发达国家现代学徒制的精髓，与大型骨干企业共建技师工作站，推荐大型骨干企业参与申报深圳市技师工作站，共同搭建技师人才培养平台。截至 2013 年 12 月，经深圳市人力资源和社会保障局审核批准的技师工作站共 25 家，其中包括 UPS、奥的斯等世界 500 强企业和深圳机场等多家大型骨干企业。

技师工作站是实施"校企双制"办学，共同培养高技能人才的有效平台。技师工作站由企业选派经验丰富、责任心强、专业功底扎实的技师、高级技师担任企业导师，选用生产真实课题、技术攻关项目作为学习项目。学校指派专业骨干教师作为校内导师参与预备技师培养，指导学生开展课题研究、论文撰写，以课题研究促教学，加强与企业的技术交流，以合作攻关的形式努力解决企业关键性生产难题，推进企业技术进步，培养应用型、复合型、创新型高技能人才。同时，创新技能人才评价机制，采取校企合作人才评价办法，由企业对进站学生进行业绩跟踪和评价考核，人力资源保障部门认可企业评价，真正实现了校企联合培养、企业使用、社会评价的有效衔接。一批在技师工作站学习的技师班学生取得了突出的工作业绩，如国际商务系物流技师班的刘琪同学，在 UPS 技师工作站完成的课题成果被企业采用，年直接经济效益超 1 200 万美元。又如，学院与深圳市缘与美珠宝公司共建"珠宝首饰设计技师培养工作站"，首饰设计专业预备技师班 24 名学生进站培养，以汪茜同学为首的设计师团队开发设计的"烤彩"系列珠宝首饰产品，成功申请国家专利，产品投放市场后十分畅销，为企业创造了 3 000 多万元的产值。

第四节 办学过程中存在的问题及其对策

一、校企双制办学过程中存在的问题

目前，各地积极探索校企双制办学，取得了一定成效。但也存在一些问

题，具体如下：

（一）校企双方在人才培养周期上存在分歧，影响企业参与办学的积极性

由于参与办学需付出大量的精力和成本，企业希望缩短培养周期，满足企业急切的用人需求；而学校则必须按照人才培养的规律，保证人才培养质量，周期不能随意缩短。校企双方在认识上存在一定分歧，对双方合作的积极性有一定影响。同时，还存在少数学生在临近毕业时出现"换班""跳槽"的现象，毕业生没有按照协议到定向企业工作，使企业蒙受损失，最终削弱了企业合作的积极性。

另外，学校与合作企业联合开展招工即招生，使其以工学结合的模式完成学业，还存在着企业生产安排及学校教学安排的矛盾冲突。目前企业大多实施的是每周六天工作制，工作强度比较大，学员在工作之余学习的动力不足。另外，企业和学校各项工作的对接存在困难，校企双方具体的权责需进一步明确。

（二）学校运作机制与企业运作机制、校园文化与企业文化存在较大差异

一是学校的专业设置、培养方式、课程设置、教学过程等方面与企业的岗位需求有差距，校企联合培养人才的体制机制没有形成，使校企之间的深度合作以及受教育者从"学员、职业人到社会人"的角色转化受到一定的制约。

二是学校的硬件设施、师资力量等不强，不具备服务企业、行业的能力，如企业、行业需要了解前沿技术、懂得市场规律、专业能力强的教师参与企业技术攻关，企业的产品升级、持续发展需要学校给予各类培训及技术研发机构的支撑，但学校的实力还达不到。

三是校企双制办学中学生的法律保障存在问题。学生顶岗实习、学生到企业的项目研究都可能涉及学生的安全，这关系到企业的责任。学生到企业实习的时间越长，企业的责任越大、风险越高，企业存在畏难情绪。

四是校园文化与企业文化存在较大差异，二者短时间内难以融合。

（三）企业尚未形成长远的人才战略意识，停留在解决用人需求的层面上

企业作为市场经济的主体，以营利为主要经营目标，其参与高技能人才培养的动力源自其经营目标。有相当部分的企业将参与人才培养视为直接或间接的利益损失，所以，在没有相应激励政策和法规约束的机制下，企业并不一定通过直接参与职业教育来获得人力资源。另外，影响企业深度参与的原因还包括：①增加管理成本。企业要安排专人管理；企业要安排学生吃住，需要费用，甚至无法解决吃住问题；学生生产效率低，而且在操作中易出废品，增加了原材料费用。②增加企业风险。学生在生产的实际操作中一旦发

生事故，企业要承担医疗费或抚恤金等费用。③很难保证产品的质量，影响企业声誉。

（四）校企双方一线教师的数量不足，部分职工参与培训的积极性也不高

企业一线的专业技术人才长期担任兼职教师的数量不足，结构也不尽合理。从学校的角度来说，由于学校资金紧张，一方面难以保障送教下企的教师的福利待遇，使得教师的授课积极性不高，难以保障授课质量；另一方面，将授课的设备、教具等送到企业去进行授课，也需要大量的资金，一定程度上增大了学校的负担，不利于学校工作的开展。

部分企业出于自身经济利益和生产实践等因素的考虑，在出现企业眼前利益和长远利益、企业本身利益和社会利益矛盾冲突时，把对在岗工人的职业技能培训视为额外负担。部分职工缺乏岗位竞争意识和长远发展意识，认为工作日培训补贴少或无，平时工作繁忙，业余时间培训占用休息时间，参加培训的积极性不高。另外，对于大多数企业来说，目前企业最大的困惑是招工难，一线生产工人紧缺，因此企业难以抽出工人参与培训学习，这就导致"校企双制"合作办学开展起来较为困难。

（五）政府尚未出台有约束力的校企合作相关政策，也没有调动企业参与校企合作积极性的相关政策法规

目前政府对校企合作办学的政策多停留在宏观层面，具有现实指导意义的纲领性文件以及鼓励企业单位积极参与职业教育的政策还比较少，也缺乏可操作性的法律、法规等政策支持。从校企合作的双方来看，学校多为主动，而企业多为被动。因此，深入、持久地开展校企合作还寄望于国家政策的大力扶持与法律法规的保障。只有校企双方达成共识，实现"你中有我，我中有你"的双向合作教育，才能共同培养出适应企业需求的高技能人才。

二、针对校企双制办学存在问题的对策

校企双制办学是一个系统工程，需要协作的方面较多，历经时间较长，需要不断完善的管理制度、操作方案和合作内涵。所以，校企双制办学作为职业教育的出路，应长期坚持，持续改进。

（一）加强宣传，积极引导

校企合作是学校成为百年名校、企业成为百年名企的必然选择。对热心公益、积极履行社会责任，积极与学校合作培养高技能人才的企业，对通过校企合作培养高技能人才作出突出贡献的学校，政府、媒体、社会应给予大力宣传和表彰，树立校企合作成功的典范。逐步形成有利于校企合作的良好

的社会氛围，用榜样和社会舆论引导企业、学校积极参加校企合作，实现学校与企业、教育与经济的双赢，为经济社会的可持续发展作出贡献。学校应积极建议政府部门出台更多的优惠政策，减免企业税金，对员工培训予以补贴，充分调动企业和员工进行技能培训的积极性。

（二）平衡利益，实现双赢

学校与企业能否长期合作，取决于双方利益平衡点的寻找与把握，而能否使合作产生最大效益，则取决于长期合作中双方逐步探索建立的各种保障机制。学校与企业都在寻找自己的利益，只有让校企双方各得利益才能达成稳定长久的合作。学校要充分考虑企业的利益。面对校企合作中一些可能出现的情况，学校要主动加大科研开发的力度，切实为企业提供技术支持；利用学校的教学资源主动承担企业员工的培训，帮助企业提高职工的素质。在校企双制办学过程中，可从以下几方面着手，调动双方的积极性：

（1）统一思想，明确"校企双制"教学模式试点工作在学校办学过程中的重要意义，将其列入各级领导和各部门的绩效考核指标中去，将试点相关工作落到实处，将相关工作具体推进过程中的阻力降到最低。

（2）企业配合学校做好相关的教学和学生管理工作。通过企业人力资源部门的配合，为合作班级学生做好职业生涯规划。

（3）加大专业课程设置扶持力度。由政府相关部门按专业大类分别成立由行业组织、企业与院校共同参与的专业教学指导委员会，指导试点院校开发建设与校企双制办学相适应的专业。

（三）完善机制，成果共享

只有通过探索校企双制办学新模式等形式的体制创新，努力完善人才共育、过程共管、成果共享、责任共担的合作办学新型体制机制，才能进一步增强办学活力。针对企业一线的专业技术人才担任兼职教师的数量仍不够多、结构仍不尽合理、管理仍不够科学等问题，建议制定和实施更加切实可行的师资培育规划和行业企业兼职教师引培与管理政策，加快高水平的专兼职结合的专业带头人和技能型教师的培养，完善学校的校企合作考核及激励机制，鼓励教师、企业积极参与校企合作项目。

（四）探索建立教学质量监控体系

为确保校企双制办学工作的有效开展，学校可探索建立教学质量监控体系，加强教学过程监控，提高精细化管理水平，检查监控的内容主要是人才培养方案的制订，包括教学计划、课程设置、教学文本、学习过程以及学习情况的评价等方面，确保试点班的正常有序运作。此外，可以增加教学检查的频次，学校督导不定期到课堂进行常规检查，并定期组织例会对校企双制办学的教学情况进行专题讨论和分析。与此同时，学校应认真总结经验，不断提升校企双制合作办学的层次，加大力度，搞好课程开发，组织编写校本教材；邀请企业一线专家对专职教师进行培训指导，在学习、交流沟通的过程中，不断提升在校教师的实践能力，强化师资队伍建设。另外，学校的课程设置应更贴近企业需求，学习任务应更贴近企业岗位，可通过到企业调研，根据企业的岗位需求，对原来制定的人才培养方案、教学计划以及课程进行新的设计与调整，实现课堂学习与真实工作的无缝对接。

（五）加强师资队伍建设

加快培养与校企双制办学模式相适应的教师队伍。鼓励学校积极吸引企业高级专业技术人员和高技能人才、省级以上技能竞赛优胜者等担任教师，对表现优秀的教师可给予适当奖励，并在名教师评选等工作中给予一定倾斜。学校要更加注重在"校企双制"办学中，不断提升教师企业实践能力，促进教师更新教学观念、创新教学方法、提高教学水平和能力。

（六）完善和建立校企双制运行制度保障体系，形成长效机制

学校与企业共同完善和建立"校企双制"运行制度保障体系：以互利共赢为原则，建立互惠互利动力机制；校企共同努力，建立科学合理的激励机制；疏通信息渠道，建立资源共享交流机制；以合作育人为主线，完善人才培养运行机制；以人才培养质量为导向，建立多方参与评价机制；适时调节，建立定期调研与需求分析机制；规范工作程序流程，建立校企双制工作步骤和工作流程。落实各方责任，规范操作，监督合作办学的实施过程，评价合作办学质量，制定校企双制试点班的学生评价标准，建立多元参与的动态教学评价体系，使校企双制试点班的教学过程既可实行结果评价，又可实行过程评价，形成校企双制办学长效机制，保证校企合作的深度融合和可持续发展。

（七）明确政府责任，加快基础建设

校企双制办学涉及政府、企业、学校三方的利益与责任关系。政府部门应尽快出台校企双制办学的相关政策，建立校企双制办学的引导与激励机制，建立校企双制办学评价机制，将校企双制办学指标作为学校评估和企业评价的重要指标之一。同时，政府要加强统筹协调，为校企双制办学牵线搭桥，给予企业财政专项补助以推动其参与课程改革，用减税方法鼓励企业在校企合作中发挥作用；支持、资助开发适应不同模式的校企合作、工学结合人才培养模式的课程教材开发；支持、资助与培养模式相匹配的校内实训基地，加强实习指导教师或"一体化教师"的培养培训，以校企双制办学为突破口，加快学校的改革和创新。

三、结语

　　校企双制办学正在探索之中，虽积累了一定的经验，但仍有许多难题有待破解。我们相信，只要社会各界共同努力，勇于探索，一定能找到适合我国国情的校企双制办学之路，为我国社会转型发展和经济建设培养更多、更优秀的高技能人才，打造良好的产业人才服务体系，促进社会的进步与和谐发展。

第二章 技师工作站培养预备技师模式

第一节 开展预备技师培养的背景

一、国家对创新高技能人才培养模式的意见要求

近年来，随着我国经济社会的高速发展，对高技能人才的迫切需求已引起政府及社会各界的广泛关注。中央办公厅、国务院办公厅在颁发的《关于进一步加强高技能人才工作的意见》（中办发〔2006〕15 号）文件中提道："当前，高技能人才的总量、结构和素质还不能适应经济社会发展的需要，特别是在制造、加工、建筑、能源、环保等传统产业和电子信息、航空航天等高新技术产业以及现代服务领域，高技能人才严重短缺，已成为制约经济社会持续发展和阻碍产业升级的'瓶颈'。"因此，大力加强高技能人才工作，培养造就一大批具有高超技艺和精湛技能的高技能人才，稳步提升我国产业工人队伍的整体素质，是增强我国核心竞争力和自主创新能力、建设创新型国家的重要举措。关于技师和预备技师的培养问题，该文件还明确提出，"要充分发挥高等学校和高级技工学校、技师学院的培训基地作用，建立高技能人才校企合作培养制度，紧密结合企业技能岗位要求，对照国家职业标准，确定和调整专业的培养目标和课程设置，与合作企业共同制订实训方案，采用全日制、非全日制、导师制等多种方式实施培养。学校进行预备技师考核试点，取得预备技师资格的毕业生在相应职业岗位工作满两年后，经单位认可，可申报参加技师考核"，并要求"到'十一五'期末，技师、高级技师占技能劳动者的比例达到5%以上"。由于我国产业结构提升和科学技术进步，企业及其生产岗位对技师的职业能力提出了新的要求，这个要求逐渐显出一种跨专业、跨职业和跨岗位的属性。为了与传统技师相区别，国家劳动和社会保障部在 2006 年有关新技师培养计划中提出了新技师的概念。

根据党中央国务院关于高技能人才工作的意见，原劳动和社会保障部于 2006 年制订并下发了《新技师培养带动计划》（劳社部发〔2006〕16 号），提出要充分发挥高级技工学校、技师学院等各类职业教育培训机构的基础性作用，加强校企合作，加快培养一大批结构合理、素质优良的技术技能型、

知识技能型、复合技能型高技能人才，在完成"三年五十万"新技师培养计划的基础上，力争"十一五"期间在全国培养新技师和高级技师 190 万名。首先在高级技工学校、技师学院以及其他具备条件的学校中开展预备技师培养试点工作，探索通过学校教育的方式培养预备技师的途径和方法。推动高级技工学校、技师学院以及高等学校改革，完善教学方法，突出专业技能训练，强化新知识、新技术、新工艺、新方法的内容，充分发挥高技能人才培训基地的作用，采取校企合作、订单培养等方式，开展后备青年技师的培养工作。整合社会培训资源，搭建多功能、高层次的技师培训平台。

二、地方政府出台支持政策，企业、学校共同搭建人才培养平台

经过多年发展，我国已成为世界制造中心，一大批优秀企业脱颖而出，影响力渗透全球。一方面，企业产业不断升级，技术快速提升，需要大批高技能人才服务生产实践；另一方面，培养高技能人才的职业院校也进入快速发展通道，招生规模不断扩大，生源质量不断提高，专业门类逐渐齐全并贴近市场，与企业合作日益紧密。在国家出台系列文件精神的指导下，地方政府纷纷响应，鼓励校企创新高技能人才培养机制，并制定下发相关文件通知，落实上级工作部署。下面，以深圳技师学院所在地深圳市为例。

2008 年 9 月 19 日，中共深圳市委、深圳市人民政府下发《关于加强高层次专业人才队伍建设的意见》（深发〔2008〕10 号）文件，要求"进一步加强高技能人才培养，着力培养技术技能型高级技师、技师，重点培养国家级和省级技术能手。整合培训资源，搭建高技能人才训练公共服务平台，建设和确认一批高层次技能人才培训基地。实施高技能人才培训资助制度，对支柱产业和政府扶持产业紧缺的高技能人才所开展的提升培训，政府给予一定的经费资助"。

2010 年 4 月，深圳市人力资源和社会保障局根据《广东省委、省政府贯彻〈中共中央、国务院关于进一步加强人才工作的决定〉的意见》（粤发〔2004〕15 号）中提出的"加快高等学校新校区、博士后站、重点实验室、研发中心和技师工作站、高技能人才实训基地等人才载体建设"、广东省劳动和社会保障局《关于印发〈广东省技师工作站设置标准和认定办法〉的通知》（粤劳社〔2005〕86 号）中提出的"积极搭建高技能人才队伍和高技能人才实训建设平台"，以及深圳市委市政府《关于加强高层次专业人才队伍建设的意见》（深发〔2008〕10 号）中提出的"进一步加强高技能人才培养，着力培养技术技能型高级技师、技师，重点培养国家级和省级技术能手，整合培训资源，搭建高技能人才训练公共服务平台，建设和确认一批高层次技

能人才培训基地"等文件精神，制定下发了《关于开展深圳市技师工作站认定工作的通知》（深人社发〔2010〕47 号）。通知要求："加快技师工作站建设，充分发挥行业、企业集团或科研生产型事业单位现有高技能人才作用，采取名师带徒等方式加快培养高技能人才，加强技术交流、合作攻关、推动技术进步和解决关键性生产难题的作用，全面推进深圳市预备技师人才培养工作。"

2012 年 12 月 18 日，深圳市人力资源和社会保障局与深圳市财政委员会下发《关于印发〈深圳市高技能人才技能振兴计划重点项目实施方案〉的通知》（深人社规〔2012〕23 号），针对技师工作站建设项目，指出"建设技师工作站，是探索深化校企合作培养高技能人才的新途径、新模式""计划从 2012 年开始，每年创建'深圳市技师工作站'20 个左右，到 2015 年，建成技师工作站 100 个。对技师工作站一次性给予 5 万元开办经费补助"。

第二节　技师（预备技师）的职业性质与培养模式

一、技师（预备技师）的职业性质

在《国家职业标准制定技术规程》中对技师资格要求的规定是：能够熟练运用专门技能和特殊技能完成复杂的、非常规性的工作；掌握本职业的关键技术技能，能够独立处理和解决技术或工艺难题；在技术技能方面有创新；能指导和培训初、中、高级人员；具有一定的技术管理能力。

技师与预备技师的区别主要在于以下两个方面：一是技师有在企业岗位生产中真实的工作经验，而预备技师没有；二是技师的素质能力是在企业岗位的生产中经过长时间的系统养成习得的，是内化了的知识与技能，而预备技师缺乏养成这个环节，需要日后通过岗位工作将学来的知识和技能进一步内化，使之成为自己完全掌握的知识和技能。预备技师学制式培养是目前最高层次的技工教育。通过教育的途径，对高级工进行学制两年的系统化、规模化培训，成为预备技师；预备技师再经过至少两年的生产实践，达到技师标准。

根据技师的职业性质，可以将技师分为以下四种类型：

（一）操作技能型

能够熟练运用专门技能和特殊技能完成复杂的、非常规性的工作，是本工种的技能尖子，或称"能工巧匠"。长期工作在生产一线，一般较少参与管理。

（二）复合技能型

能够熟悉生产流程，掌握多个工种的关键技能，掌握多种设备的工艺特征，综合运用技术技能创造性地解决技术难题，能够在更加广泛的领域适应不同条件下的创造性工作。

（三）技术技能型

掌握本职业的关键技术技能，能够独立处理和解决技术或工艺难题，是处在领导层的工程人员和处在操作层的技能人员之间的中间层。在生产现场实施已完成的设计、规划和决策，能够将其转化成产品和成果；熟悉生产的主要设备、设施的性能和操作技能；能够组织日常生产，处理生产技术、工艺问题，指导操作人员保障生产正常运作。

（四）知识技能型

指向非制造业的知识含量较高的新兴职业领域，如计算机网络、理财策划等。熟练掌握本职业的专业知识和运用技巧，能够实施已完成的规划、决策和方案，能够独立处理和解决业务难题，具有丰富的现场工作经验，俗称"灰领"。

二、技师（预备技师）培养模式

（一）原有技师培养模式

在现有培养模式产生之前，技师基本由"自学成才式""师傅带徒弟式"等方式逐渐形成，即在长期的生产与工作实践中，经历锻炼，通过自身的进取与努力，加上客观环境条件的影响，逐渐积累经验，增长能力，达到一定水平。这样产生的技师形成的优势是：基本功扎实、技能高超、技艺精湛、有绝招绝活，尤其是操作技能型和复合技能型技师，其熟练的技能和经验必定经过相当长时间的实践才能形成。这种模式的弊端是：时间较长、效率较低、受工作岗位局限等，而且技师队伍年龄结构偏大、数量过少、技能面窄、适应性不强。因此，自然形成的技师队伍，无论是从数量上还是质量上，都远远不能满足当前社会的需求。

（二）现有技师（预备技师）培养模式

学制培养：用教育培训的途径，对高级工进行学制两年的系统化、规模化的培训，使其成为预备技师；预备技师再经过至少两年的生产实践，达到技师标准。然而，学制培养的致命弱点是技师的职业能力特征中包含的"熟练技能""丰富经验""现场能力"等通常必须在工作环境下，通过长时间的、持续的实践过程，才能积累形成。非工作环境的学校教育，不可能完成这一养成过程。因此，学制培养须摆脱学科式教育体系，探索一种在以职业活动为导向，以职业能力为核心的办学思想指导下，将课堂与工作现场有机结合的培养模式。目前，预备技师通常采取的培养模式有以下几种：

1. 校企合作培养

校企合作培养即在预备技师培养目标、专业课程设置、教学计划制订、教材编写、教学安排、教学评价以及实施整个教学最终到学生就业的全过程中都必须坚持与企业的密切合作，校企双方共同研究与实施，以保障技师学院培养预备技师的教学质量。

学校承担培养预备技师任务，只是意味着充当这项教育培养工作的主体，在整个教育培训过程中起主导作用，但并不是表明学生仅仅在技师学院的校园里成长为预备技师。从预备技师培养目标的要求来看，学生要获得真正的岗位工作经验，必须到企业，因为学校可以提供给学生一个真实的硬件工作环境进行训练，但无论如何也难以提供企业所遇到的来自客户和社会的经济、效率等方面的压力，而企业却可以提供。企业的生产目标决定了企业不可能像学校一样，把开展规模化、规范化地培养新技师的教学活动当作自己的中心工作。所以这种培养模式往往比较松散，效果一般。

2. 工学交替培养

所谓工学交替是将学习与工作结合在一起的教育模式。它与校企合作培养模式有所不同。该模式以学生为主体，以职业为导向，利用学校内外不同的教育环境和资源，把以课堂教学为主的学校教育和直接获取实际经验的校外工作有机结合，贯穿于人才培养的过程中。在这一过程中，学生在校内以受教育者的身份，根据专业教学的要求参与各种以理论知识为主要内容的学习活动。在企业，学生根据市场的需求以"职业人"的身份参加与所学专业相关联的实际工作。这种教育模式的主要目的在于提高学生的综合素质和就业竞争能力，同时也提高学校教育对社会需求的适应能力。在专业学习中实行工学交替，可以使学生更好地熟悉生产情况，掌握产品生产流程，获得适应生产环境、解决实际问题的能力，为学生在毕业后尽快找到工作并适应工作需要打下基础。

3. 技师工作站培养

所谓技师工作站，即设在企业用于培养预备技师的专门场所，是一个以企业工作任务为导向，以职业能力为核心，实施工学结合，集产、学、研于一体的系统性企业实践创新平台。

技师工作站培养技师采用"双导师制"，即技师学院指派"双师型"专业骨干教师任校方导师，企业导师则来自生产一线，是经验丰富、责任心强、专业功底扎实的技师、高级技师。双方导师组成导师团队，选用企业真实生产项目、技术难题作为技师培养的课题项目。具体可以从以下几方面实施：一是根据预备技师培训目标所要求的知识水平和技能水平，开设常规的理论知识教学和单项技能训练；二是收集企业生产中的实际工作案例，将其转化为教学案例；三是寻求企业实际生产中的典型工作任务，将完成该工作任务的全过程作为教学的全过程；四是根据预备技师培训目标所要求的知识点和技能点而建立的一体化课题，组织实施教学；五是双方导师根据企业生产实际需要，共同制定攻关革新项目，指导带领学生进行技术攻关。

第三节　技师工作站培养预备技师实践

一、技师工作站的建设

预备技师的培养离不开企业实践岗位。在政府部门的政策指导与项目资金资助下，通过校企共同努力，开展技师工作站建设，搭建好预备技师培养平台，才有可能完成预备技师培养任务，实现人才培养目标。

（一）技师工作站的功能定位

依据《关于开展深圳市技师工作站认定工作的通知》（深人社发〔2010〕47号），设在企业的技师工作站定位以下功能：

1. 高技能人才培养基地

采取名师带徒等方式，开展高技能人才技术技能培训；开展技能竞赛、技术交流等多种活动，推动技术进步，选拔优秀技能人才；研究、总结、推广高技能人才培养经验，普及应用生产技能，为企业、学校和培训机构人才培养提供咨询服务。

2. 技术攻关与革新的新基地

组织开展技术攻关和技能创新等活动，提升行业（企业集团）劳动者的职业技能水平和竞争力；通过技术合作攻关、课题研究和技术革新，解决企业生产中的关键性技术难题。

3. 校企深化合作的重要平台

联合制订行业（企业集团）的技师培养规划；作为职业培训教师实践、研修的重要基地，为师资培养提供技术支持；联合制定技能人才评价标准，合作开发课程、题库等；为预备技师进站学习与工作业绩认定提供服务。

依据技师工作站的功能定位，技师工作站工作任务具体如下：

（1）制订本行业（企业集团）的技师培养规划。

（2）采取名师带徒、拜师学艺等多种方式，发挥企业导师在技师工作站的岗位技能训练、课题项目研究、技术攻关等指导作用，多渠道加快培养高技能人才。

（3）总结推广技师培养经验，普及应用生产技能。

（4）组织开展多种形式的技能竞赛与研讨活动，选拔具有潜质的后备高技能人才或紧缺的高技能人才。

（5）组织开展技术攻关和技能创新等活动，提升本行业本企业劳动者的职业技能水平和竞争力。

（6）建立技能人才和技能开发成果信息库，展示技能创新成果。

（二）技师工作站的申报

技师工作站是用于培养预备技师的专门场所；是以企业工作任务为导向，集产、学、研于一体的实践创新平台。因此，申报技师工作站对企业的综合实力，包括技术创新、科研实力、设施设备、带教师资等方面有一定的要求。具体来说，需具备以下条件：

（1）本单位主要生产领域具有3名以上业内公认、技艺精湛、在生产实践中能起带头作用的知名技师或高级技师。高级技师可从外单位引进或聘用，聘用期不得少于两年。

（2）本单位经营管理状况良好，具有本行业国内一流的生产、科研设备，能为高技能人才提供较好的工作条件。

（3）本单位有独立承担过市级以上重大项目的经验。

（4）本单位对设立技师工作站高度重视并给予基本的运作经费支持。

申报方式为由行业组织（企业）自行申请设立或者行业组织（企业）为主，通过校企合作共同申请设立。根据《通知》要求，申报深圳市技师工作站须书面申请并填写《深圳市技师工作站设立申请表》。由深圳市人力资源保障局组织专家对申请单位进行评审，根据专家评审意见，认定技师工作站名单。通过评审认定的，市人力资源保障局予以公示5天。公示无异议或异议不成立的，由深圳市人力资源保障局发文并授予"深圳市技师工作站"牌匾，同时对技师工作站一次性给予5万元的开办经费补助。

（三）技师工作站的管理

技师工作站是政府批准设立的专门培养预备技师的平台，政府资助搭建，具体管理工作则由企业、学校共同参与。按照要求，需加强技师工作站的组织领导，建立完善的技师工作站管理与运作制度、内部管理制度，制订名师带徒工作计划和技术合作攻关计划；建立学徒档案，加强工作过程及业绩跟踪；建立名师奖励机制；建立校企合作培养高技能人才的长效机制。

技师工作站设立两年后，每年应至少承担 1 项市级以上技术改造或技术攻关项目，培养不少于 10 名高技能人才；以校企合作方式建立的技师工作站，设立两年后，每年为合作院校合作培养师资不少于 2 名，接收进站学习时间至少一年、经企业评价合格出站的预备技师人数不少于 5 名。为了做好技师工作站的管理工作，保证工作的有序开展，技师学院与合作企业需组织开展以下工作。

（1）技师学院与技师工作站企业签订建站协议，工作站企业、学校、学生签订三方培养协议。建站协议的内容主要包括合作总则、合作形式、时间、双方责任与义务等。三方培养协议主要包括学生在站学习期限、工作时间、三方责任等。

（2）建立技师工作站内部管理制度。包括组织架构由校企双方人员组成，校方由教师、教研室主任、系领导参与，企业由导师、部门经理、企业高管参与，建立校企联席会议制度，定期召开技师工作站专题会议，及时解决运行过程中出现的问题。

（3）制订名师带徒工作计划和技术合作攻关计划。技师工作站培养预备技师实行"双导师制"，企业负责推荐名师（业内公认、技艺精湛、在生产实践中能起带头作用的知名技师或高级技师）作为导师，采取师傅带徒弟的方式培养，在学生进站之前，校企双方导师共同制订培养计划及技术合作攻关计划，遴选企业真实课题，解决生产中的实际问题。

（4）建立学生管理制度。学生进站培养，需要进行严格的管理，管理制度可依据企业对员工的要求，同时针对学生的实际特点制定，重点在于出勤、纪律、工作任务完成、工作责任、违反规定相应的处罚措施等。

（5）建立档案管理制度。档案管理是技师工作站管理的重要部分，学生培养须建立完整的档案，存档资料主要包括三方培养协议、培养计划、项目大纲、培养手册、相关会议记录、课题实践报告、评审答辩记录等文档资料。

二、技师工作站培养预备技师实践

（一）培养方法与步骤

技师工作站培养预备技师，是一个循序渐进的过程。这个过程可根据预备技师培养目标所要求的知识水平和技能水平，开设常规的理论知识教学和单项技能训练课程，采取工学结合的方式，让学生一边学习本专业新的知识、技能，一边探索解决工作中的实际问题。而学生在企业通常需经过企业岗位实践与企业项目研究两个阶段，具体方法与步骤如下：

1. 企业岗位实践阶段

学生到企业有一个由陌生到熟悉的过程，首先需接受企业的岗前培训，内容包括企业基本情况、实习岗位性质、岗位职责和要求、企业文化、企业管理制度等，帮助学生尽快适应企业工作环境。然后，安排学生在各岗位进行轮岗实践，时间一般为3~6个月。在这个阶段，学生能基本熟练掌握企业岗位知识与技能，成为一名准员工，双方导师保持与学生的联系沟通，及时化解学生的疑问和工作难题，帮助其融入企业并找到适合自己的岗位。这个阶段是个重要的积累过程，可以培养学生的职业能力和发现学生的兴趣潜能，为下一阶段开展课题研究打下坚实的基础。

2. 企业项目研究阶段

首先，项目实践课题的选题是根据企业生产实际需要，按照技师能力标准选定，通常的方式如下：校企双方的导师、学生通过座谈的形式，共同提出一些在企业实际运营中需要解决的关键问题，企业导师和学校导师可以帮助学生选择和评估，共同确定项目实践课题。项目实践课题必须满足企业实际生产运营的需求并能够为企业提升效率或者增加经济效益；符合专业预备技师培养目标；课题项目的设置要紧密联系国家职业标准或行业要求。

在完成项目选题工作后，由学生填写《预备技师培养课题申请表》，内容包括课题名称、申请人、研究内容、预期成果等，经校企双方合作领导小组审议通过后正式立项，开展课题研究。

接下来，校企双方导师共同指导学生进行课题项目、技术攻关，同时处理在项目学习中出现的具有一定难度的问题。为保证项目课题的质量和实践教学的科学有效性，校企双方导师平时特别注重对项目课题实践过程检查的考核，内容主要包括：

（1）阶段检查与指导。校企导师共同检查学生课题实施的工作进度，学生每月一次汇报的课题实施情况，对学生提出的课题实施过程中遇到的问题大家共同讨论。课题实施进行到中段，双方导师要对学生课题研究的进度和工作内容、阶段成果进行检查。学生要向校企导师汇报课题中段取得的成果、存在的问题，以及课题中段完成进度，校企导师检查后填写《课题阶段结题检查表》。同时，对未能按照工作进度完成的学生，要详细了解原因，对未能及时完成的原因要加以分析，帮助学生按照进度完成课题研究。

（2）论文评审与答辩。学生完成课题研究，提交课题研究论文。校企导师共同评审论文，对论文内容、质量和格式不符合要求的学生加以指导，共同评定论文成绩，填写《课题论文书面成绩评分表》。学校指导学生完成论文答辩提纲，组织学生进行模拟答辩，答辩由专业教研室组织，答辩内容以课题项目设计及论文为主。学生考核的最终成绩由三方评定合成，通常企业导师评审成绩占30%，学校教师评审成绩占30%，答辩小组评审成绩占40%。

（二）实践成效

通过技师工作站开展双导师制预备技师培养实践，这一模式是可行的、有效的。

（1）技师工作站培养预备技师模式加强了校企联系，特别是企业导师的参与，密切了学生、企业导师、校内导师的关系，进一步推动了校企合作工作。教师经常带领学生到课题所在企业进行项目研究，丰富了企业经验，提高了课题研究能力，潜移默化地提高了教学水平。

（2）技师工作站培养预备技师模式实行"双导师制"，可有效促进预备技师专业的教学工作。校内导师深入企业，熟悉了企业项目的运作，渗透到教学中，可以有效提高教学质量；企业导师深入接触学生，可以对学校的教学内容提出课程改革意见建议；实践项目课题研究后，形成了一套完整的预备技师项目课题工作方案，为后续项目课题工作提供了丰富的经验和资料借鉴。

（3）1~1.5年的企业岗位学习与实践，保证学生有足够的时间完成预备技师项目课题。学生参与的项目课题均源于企业，服务于企业，通过项目课题的研究，增长了知识，能够将专业技能学以致用，为企业解决一些技术难题；通过论文答辩，提升了演讲水平、PPT制作水平，增强了现场应变能力和与人沟通的能力，特别是在课题实施过程中显露出来过硬的专业知识和专业技能。学生通过此环节的学习与实践，形成了专业学习与实际岗位接轨的良性循环。

（三）技师工作站培养预备技师案例

案例　深圳技师学院与企业技师工作站合作培养预备技师

深圳有一大批生产经营类、服务类的企业，随着经济和社会的发展，企业需要大量的高技能人才。截至2013年，与深圳技师学院开展紧密合作的企业就有543家，其中大中型企业256家、世界500强企业14家、行业龙头企业76家。学校与企业在专业建设、课程设置、学生实习与就业、教材编写、企业员工培训、教师下企业锻炼、企业专家来校授课、校企合作共同进行课题开发和技术攻关等诸多方面建立了互动双赢的合作机制。学院已初步形成了校企联动模式、企业赞助办学模式、校企联合培养模式、校企合作产学研训模式等多种合作模式，校企合作的深度、广度不断拓展。

近年来，深圳技师学院积极响应国家号召，结合当地社会经济发展的现状和高技能人才紧缺的难题，特别是产业升级与重点发展领域对高技能人才的大量需求，对当地高技能人才紧缺专业领域先行先试，开展全日制招生工作，按照国家提出的技师培养原则，致力于探索预备技师培养模式，培养企业认可的技师层次人才。学院 2006 年招收了汽车维修专业预备技师班，2007年 9 月招收了物流管理专业预备技师班、应用电子技术专业预备技师班，2008 年 9 月招收了数控技术应用专业预备技师班。2008 年承担了劳动部汽车维修专业预备技师职业功能模块课程体系开发工作，该课程体系的核心思想是"校企合作，工学交替，双导师制"，课程的内容是在对汽车维修技师进行职业能力分析后，以国家职业大纲为依据，根据典型工作任务而开发设计的一系列职业功能模块项目课程。2009 年，学院数控、电工与动画专业也相继参与了国家人力资源和社会保障部组织的预备技师职业功能模块设计开发工作。2010 年，深圳市人力资源和社会保障局制定下发了《关于开展深圳市技师工作站认定工作的通知》（深人社发〔2010〕47 号），学院积极响应，与合作企业共同申报首批深圳市技师工作站，获批 10 家，学院充分利用这一预备技师培养平台，大力开展双导师制预备技师培养工作。截至 2013 年年底，深圳技师学院与企业共同申报获批了 25 家技师工作站。学院有 11 个专业通过企业技师工作站平台培养了 682 名预备技师毕业生，其中 536 人被所在企业留用，毕业录用起薪平均 4 500 元，高于高级工起薪工资 3 500 元近 30%。

在与企业共同探索技师工作站培养预备技师的工作中，学院根据需要，设计制作了相关文档资料和各种表格，可以有效地跟踪记录人才培养过程，所有资料、表格均需存档备查。为了给读者以翔实的展示，以上相关资料及表格作为附页，续于本章之后，以供参考。

三、技师工作站培养预备技师存在问题和相应对策

技师工作站培养预备技师取得了一定成效，但在实施过程中，同样存在一些问题，这些问题需要我们通过实践一一去解决。

（一）存在问题

（1）技师工作站在培养预备技师的过程中，由于学生分散在不同企业，且工作时间不统一，学院安排的课程教学难以集中授课。从目前深圳技师学院采取的教师下企业分别授课的方式来看，存在许多问题：一是一次课的内容教师要多次讲授，教师下到学生所在单位路途来回要花费大量时间、精力；二是每家企业学生的班次不一样，每次授课都可能涉及班次调整，影响企业的工作安排；三是各家企业提供的教学环境与学校的环境差别较大，效果欠佳。

（2）选择既符合企业生产经营实际，又符合教学目标的项目实践课题较

难。在实践过程中，选题、开题花费了校企导师大量的时间和心血，但有时仍然难以选到理想的课题。

（3）师资队伍不足。要实现预备技师双导师制培养，首先要确保校企师资力量能达到要求。然而，目前无论是技师学院还是企业，真正具有双师资格、具备带教能力的师资太少，多数企业尚不具备规模化培养预备技师的能力，符合预备技师培养目标的实践岗位也不足。为此，需要政府加大对企业的投入和支持力度，完善技师工作站建设。

（4）预备技师培养受多方面客观因素的影响，需要寻求学院、企业、学生三方的利益契合点，这往往较难。企业有自身的生产和经营目标，但没有为院校培养人才的义务，在合作培养预备技师方面，目前尚难形成校企联动机制。

（二）相应对策

1. 加快预备技师师资队伍的建设

要实现预备技师的培养目标，不仅要有符合培训模式的课程体系，也要有符合培养预备技师能力的师资队伍，这是实施课程、实现培养目标的重要保证。一是加快技师学院的骨干教师的培养，通过选派教师到企业锻炼，提升教师的技能水平，达到培养预备技师的教学能力；二是选聘企业高技能人才或技术骨干，作为特聘教师，补充到师资队伍中。

2. 加强预备技师培养模式的评审论证

技师工作站培养预备技师模式由技师学院、企业开发设计后，由当地人力资源和社会保障部门及行业企业专家评审论证。其中重点评审论证课程体系、项目实践课题和评价考核体系，经论证合格的教学文件资料申报劳动保障主管部门审批后，投入实际的教学活动中，供实践应用与推广。

3. 进一步完善预备技师考评办法

建议按照"统一标准、校企考评、政府考核"的原则，全面推进预备技师考评制度。加快建立以职业能力为导向，以项目课题为重点，注重职业道德和职业知识水平的高技能人才评价体系，可依托部分有条件的大型企业，结合企业生产和科研活动实际，逐步进行预备技师人才评价改革试点。

4. 建立预备技师毕业后后续培训机制

完善预备技师继续教育机制，使预备技师毕业后，在企业岗位工作中得到企业导师的指导；同时，在技师工作站完成企业技术含量相对较高的工作项目，使预备技师有针对性、有系统地进行工作和锻炼。两年后预备技师参与技师考评，获取技师资格。

四、结语

我国没有现成的经验，技师工作站培养预备技师模式仅仅是初探，目前仍有许多问题有待解决。有些问题由于政策层面的限制无法突破。但毋庸置疑，技师学院学制式预备技师培养必须走校企合作培养之路，在校企合作的平台下，通过双导师制和过程评估，完成预备技师的培养过程，达到技师学院学制式预备技师培养模式所要求的目标。预备技师培养工作是高端人才培养的新方向，不管遇到什么问题，只要我们积极探索，并在政府的政策指导下，经过认真的实践探索，总能探索出一条适合我国国情、适合院校与企业需求的预备技师培养之路。

附件一：

预备技师培养模式调研及可行性报告

2009 年 11—12 月，以企业对高技能人才需求和岗位知识与技能的角度为切入点，针对汽车维修、物流、数控加工、应用电子技术等行业及用人单位对专业高技能人才的需求情况，深圳技师学院对预备技师培养模式进行调研。各专业课题负责人分别带领专业教师到相关企业开展调研，分别组织人员走访企业或召集企业专家座谈，根据调研结果及座谈会内容形成报告如下。

一、本次调研的目的及范围

本次调研旨在深入了解预备技师培养目标、教学方法、培养模式、考核标准等，使预备技师人才培养模式实践起好步、走好路，从而获得成功的实践经验。

调研范围为对技师层次人才有需求的汽车、物流、数控、电子通信企业，其中，汽车维修企业 17 家、物流企业 21 家、数控加工企业 16 家、电子通信企业 9 家，参与"预备技师培养工作研讨会"的汽车、物流、数控、电子通信企业 67 家。

调研提纲如下：

(1) 如何定位预备技师的培养目标？

(2) 您认为预备技师培养应采取哪种培养模式和教学方法？

(3) 预备技师考核标准如何设定？

(4) 贵公司是否愿意与技师学院共同搭建预备技师培养平台？

二、调研结果

（一）预备技师培养目标

企业专家认为，预备技师应既具有一定的理论知识水平，又具有一定的操作技能水平，同时还应该具有一定的语言表达、与人沟通与交往、经营管理等方面的能力。建议整个教学过程分两步走：第一步在学校进行一体化学习，打下基础；第二步到企业顶岗学习，参与技术攻关和项目课题研究。

（二）预备技师培养模式、教学方法

企业专家认为，预备技师培养离不开企业真实环境。走校企合作培养之路，坚持与企业密切合作，校企双方应共同研究与实施。改传统的学历教育为"学制教育"，通过双导师（学校导师与企业导师）加课题研究方式进行预备技师培养，将传统的课程化培养模式变为课题研究（攻关）培养模式。

1. 学制教育

淡化技师培养过程的学校色彩，突出校企合作培养过程的理论联系实际、企业适用特色，使学生在一定的"学制"期内，既可以从学校获得实际工作所必需的理论知识和基本技能，又可以在企业实际工作中获得实践的经验和实践水平的提升。之后，通过校企联合考核与鉴定，确认其是否已经达到预备技师应有的水平，即由学校和企业共同决定是否给予其毕业资格。

2. 双导师指导课题研究

由学校导师与企业导师共同对学员进行指导，使学校导师的理论性和企业导师的实践性在学生所研究的课题之中得到结合与互补，促进学员实践水平的提升，同时也促进学校导师和企业导师理论与实践水平的相互提升。

3. 创新课程体系，引入"课题培养模式"

学制式预备技师班的课程类型大致分为以下五类：

（1）课题教学：采用理论、实操一体化教学的方法培养学生掌握技师层次的单元知识点与技能点。

（2）专项实训：预备技师培训内容中的四新专项训练，即新技术、新设备、新工艺、新材料的实训小项目。

（3）工作项目：培养学生完成生产作业的职业能力的综合性、实践性的实训项目。

（4）生产案例分析：校企双方共同收集大量生产实践的典型案例，为培养学生分析问题的思路提供间接经验。

（5）综合项目训练：在导师带领下，在校园里进行从选题、立项、设计、

制作到论文答辩的综合项目的全过程训练。

其中，课题教学是将技师所需的知识点与技能点拆分为若干个具有一定涵盖面的"课题"，使学生在"课题"研究与攻关之中获得知识与技能，使学生在"课题进度报告""课题阶段性总结""课题研究体会""课题技术总结"等材料的撰写、向导师的汇报、课题的答辩以及向导师、同学、工人师傅等的请教之中获得文字材料撰写、语言表达以及与人沟通、与人协作等多方面的能力，达到全方位培养的目的。在学生完成一定数量的"课题"，全面掌握技师所需要的知识、技能以及其他多方面的能力之后，可达到技师应有的水平。

4. 过程评价体系

预备技师培养采用以将相关的知识与技能结合到课程专题中的教学模式，结果性评价的模式显然不能适应教学的需要，可尝试一种新的评价体系——过程评价体系。

过程评价体系的形式应该具有多样化的特点，如测试、行为记录、第三者评价、案例分析、产品制作、书面答卷、技能演示、小组合作成果等，可根据课题项目特点采用不同的评价方法；考核成绩可采用学分制，各个课题可根据国家职业标准的权重要求配给一定学分，在课题中还可以根据知识模块的权重细分学分。采用这种学分制的过程评价法既可适应技师学院的教学体系，又可激发学生的学习兴趣，更可构成新的教学管理制度，使教学管理逐步走向科学化。

创新预备技师考核的过程评价体系，以此检验评价学生的学习效果；通过这一评价方式适应职业活动导向课程体系的规律，促进教学过程的控制和教学质量的提高。

（三）考核标准

关于预备技师的考核标准，经讨论，汇集企业专家意见如下：

（1）良好的职业道德（企业特别强调，要以企业的事业为自己的事业）。

（2）具有高级工以上的理论知识水平和操作技能水平。

（3）能指导中、高级工的工作，履行中、高级工"指导师"的职责。

（4）能通过深入的技术分析和准确的技术诊断，采取独到的技术方法，解决关键性的技术难题。

（5）具有良好的语言表达、与人沟通和协作的能力。

（6）在本职业内，具有较宽技术范围的知识与技能，而不是单一的专项知识与技能。

（7）具有一定的自学能力和独立研究能力，能查阅资料、分析原因、制订方案、采取措施，直到最终解决问题。

（8）具有一定的技术创新与技术改造能力，能够在技术与管理等方面提出一定的合理化建议。

三、可行性分析

技师职业岗位对专业知识、专业技能、现场管理等能力都有较高要求，技师属于复合技能型人才。根据技师职业岗位特点，综合企业专家的意见和调研结果，我们对工学结合、双导师制预备技师培养模式的可行性进行了认真分析。

（1）校企合作是学校高技能人才培养的必由之路。几年来，深圳技师学院大力开展校企交流合作，在实践中逐步探索出一套适合学校实际的校企合作培养高技能人才的方法，建立起一套较完善的校企合作培养高技能人才制度，实现了校企资源优势互补。学校的专业设置、教学计划、课程设置、教育教学活动都应以企业的需求为起点，以企业的参与为支撑，以企业的认可为目标，努力培养满足深圳经济发展需要的高技能人才。学校先后与一批国内外知名企业，如一汽丰田汽车销售有限公司、IBM 公司、西门子公司、迅达（中国）电梯有限公司、联想集团等 283 家企业建立密切的合作关系，企业为学校教学改革、学生实习与就业、师资培训提供了有力支持，学校培养的高技能人才深受企业的欢迎。

（2）一直以来，技师培养采用通过长期的生产与工作实践，经历锻炼，通过自身的进取与努力，加上客观环境条件的影响，逐渐积累经验，增长能力，达到一定水平，再经过一定的社会培训，最后通过国家职业技能鉴定而成为技师。培养工程长、人才数量少，远远满足不了企业的需求。

（3）工学结合、双导师制预备技师培养模式。在培养模式上，采用校企合作、双导师制、项目（课题）制、业绩跟踪、综合评价等形式，确保学生学有所成、学以致用，使其能力水平真正达到要求并得到企业认可。在加快技师人才培养的同时，可以保证技师人才培养质量。

四、主要难题与挑战

1. 学生管理

学生在企业分散度大，教师难以深入指导与评价。学生长期从事单一工作，积极性及认真程度下降，如在培养过程中放任自流，将失去工学结合共同培养的意义。

2. 教学工作

为适应企业岗位工作实际情况，需分别在各企业集中授课，或工学结合结束后回校集中授课，对教学工作的实施提出新的挑战。

3. 课题选定

从目前企业生产实际来看，选定既切合企业实际，又符合教学目的的课题项目有一点难度。

附件二：

预备技师培养方案

（以汽车维修、物流管理、应用电子技术、数控技术四个专业为例）

预备技师培养阶段是学生完成中级工、高级工教学模块后的后续培养阶段。此阶段课程设置不同于原有的课程体系，每个模块的内容都涉及相关的技能训练和专业理论知识，突出实践性，侧重高新技术与创新能力的培养。其中毕业实习设计为预备技师综合能力培养模块，采用项目课题研究形式，实施双导师制培养模式，学生直接进入企业岗位开展技能训练、项目课题研究、技术攻关。在教学分工方面，企业导师主要负责岗位训练、课题研究模块指导；校内导师主要负责预备技师培养阶段专业课程教学，指导论文撰写。校企导师共同对学生进行评价考核。根据预备技师培养目标，各专业阶段培养方案如下：

一、汽车维修专业

（一）培养目标

培养汽车维修高技能人才：具备良好的职业道德素质和交流沟通能力，系统、熟练掌握现代汽车维修技能和技师层次的专业理论，能利用现代化手段和工具解决维修疑难故障；能进行一般生产组织和管理；具有一定对汽车零部件和维修设备进行技术改革的能力；具备一定企业工作经验，能对初、中级汽车维修工人进行指导和培训；会独立撰写专业技术报告与论文；经过2～3年进一步的实践锻炼和经验积累，能够成长为一名合格的汽车维修技师。

（二）专业基本要求

1. 专业知识要求

要求掌握完成汽车维修技师工作所需的较全面的工作过程知识及从事知识指导下的职业活动，知识的广度和深度相对高级工等级得到提升；同时，对知识的运用能力得到加强。

（1）了解汽车维修行业的法规及标准知识。

（2）掌握汽车与汽车维修行业的环境污染及防治的知识；掌握汽车零件及材料的回收利用知识。

（3）能对汽车机械零件进行基本的受力分析；熟悉磨损、断裂与材料特性；熟悉汽车油料的理化特性及使用检验；熟悉一些重要零部件的材料、加工及维修工艺；熟悉汽车总成装配图、液压系统图识读知识。

（4）了解单片机与接口技术基本知识；了解汽车常见集成电路元器件的功能及运用；了解汽车电子干扰及抗干扰措施；了解汽车电路图运用知识；了解汽车电气系统符号标准；了解汽车电子仪表性能、结构与原理。

（5）掌握发动机原理与汽车理论知识。

（6）掌握现代汽车各系统和装置的结构、工作原理及检修规范。

（7）掌握汽车整体性能指标及检测、评价方法；熟悉汽车整车性能影响因素和变化规律，能够利用这些知识判断分析汽车故障；熟悉故障树的概念、符号、意义及故障树分析法。

（8）熟悉汽车维修工艺制定的知识。

（9）掌握汽车维修现场管理的知识，能对质量管理流程提出改进意见。

（10）熟悉汽车零配件管理知识及流程。

（11）了解汽车修理成本核算知识，能评定与估算汽车维修价格。

（12）了解培训计划与教案编写知识；了解职业培训的辅助设备操作与工作原理；了解讲课技巧。

（13）掌握工作总结、故障分析报告及技术论文的写作方法。

2. 专业能力要求

（1）能独立完成汽车维修企业一般维修工作的各项任务。

（2）掌握汽车修理的关键技术技能，能独立处理和解决汽车维护、修理、检测作业的技术或工艺难题。

（3）能根据维修资料结合企业实际，编写维修保养工艺规程或工艺改进方案。

（4）善于自学新技术，运用新工艺、新方法，解决车型技术更新带来的维修难题，开展技术革新、技术改造。

（5）能进行汽车各种疑难故障的诊断与排除，分析故障原因，写出故障分析报告。

（6）能对汽车维修检测设备进行维护、检查和必要的技术改造。

（7）能用计算机处理工作领域信息和进行技术交流；能检索和使用各种技术文献及多媒体信息资料；能借助英语工具书使用英文版汽车维修资料。

（8）初步具有现代生产车间及班组的管理能力。

（9）能撰写工作总结、技术报告、技术论文。

（10）能指导和培训汽车维修初、中级别人员，开展专题技术讲座。

3. 专业素质要求

（1）牢固树立安全环保的生产意识。

（2）具有良好的人际交流能力、团队合作精神和强烈的服务意识。

（3）熟悉本专业各种生产作业规范，自觉养成规范化作业的良好习惯。

（4）具有吃苦耐劳的精神、饱满的工作热情和顽强的工作态度，注重提高对工作的持续改进能力，做到爱岗、敬业。

（5）严格执行"整理、整顿、清洁、清扫、素养"的5S管理，将其变成工作中的自觉行动。

（6）具有一定的调研与决策能力、口头与文字表达能力。

（三）预备技师阶段教学分析

表 2 - 1 汽车维修专业教学分析

任务领域	专业课程	职业能力
A 服务顾问	汽车维修企业生产管理	①熟悉汽车维修企业生产管理体系和管理方法 ②制定企业生产管理规定 ③会检查监控生产质量，提出改进方案
	培训能力训练	①能制订企业培训计划 ②会编写教案、制作教学课件 ③掌握培训课程授课基本方法和技巧 ④能对汽车维修技术或管理方面的专题进行培训 ⑤组织培训工作
	技术论文撰写	①能组织专题技术讨论 ②会撰写汽车维修技术论文
D 发动机、底盘检修	汽车电控汽油发动机检修	①能在企业组织和实施电控发动机检修作业 ②能诊断排除发动机电控系统疑难故障
	汽车电控柴油机原理与检修	①能在企业组织和实施电控柴油机检修作业 ②能诊断排除电控柴油机电控系统疑难故障
	汽车底盘检修	①能在企业组织和实施汽车底盘检修作业 ②能诊断排除汽车底盘疑难故障
	汽车电控自动变速器检修	①能在企业组织和实施电控自动变速器检修作业 ②能诊断排除电控自动变速器疑难故障

（续上表）

任务领域	专业课程	职业能力
E 电器修理	汽车空调检修	①能在企业组织和实施汽车空调检修作业 ②能诊断排除汽车空调疑难故障
	汽车车身电器设备检修	①能在企业组织和实施汽车车身电器设备检修作业 ②能诊断排除汽车车身电器设备疑难故障
F 质量检验	汽车综合性能检测	①熟悉汽车检测设备（检测线）的结构原理 ②会使用检测设备检测汽车性能，分析检测结果，并实施调整与维修

（四）专业主干课程及主要实践教学内容简介

1. 专业主干课程

课程包括："汽车自动变速器维修""汽车电子与电器系统维修""整车故障诊断排除""整车维护"。

2. 主要实践教学环节

（1）汽车维修生产实习。深入生产实际，深化和充实专业知识，增加实际维修经验，熟悉汽车维修生产过程和工艺要求；掌握汽车维修常用工具、量具、仪表和机具设备以及汽车检测诊断仪器设备的使用方法，进一步熟练操作技能，培养良好的上岗工作的能力。

通过在汽车维修企业的实习，体验和适应企业的工作环境，锻炼在维修企业不同岗位的工作能力；培养实事求是、严肃认真的科学态度与踏实肯干的工作作风，养成良好的职业道德；培养团结协作精神，锻炼人际交往能力；从专业上进一步掌握汽车各总成（尤其是电器设备）及部件的基本构造，熟练掌握汽车整车维护保养技能和总成大修技能。

（2）汽车维修毕业实习。该实习为预备技师综合能力培养阶段，安排学生到汽车4S店从事汽车维修工作，按照预备技师阶段校外实践教学要求，实行双导师制，根据企业的具体情况，以项目课题为实习任务，按照技师能力标准进行培养与考核。实习安排应符合以下要求：

定岗位：在院内课程完成教学后，挑选符合学生职业发展的企业岗位，实现"工学结合"培养模式。

定项目：采用课题形式，以高级职业资格的知识与技能为基础，以实用型的综合课题为主线，选择课题实践项目。

双导师制：由企业选派技师、高级技师指导学生岗位实习与课题研究；

学校指定专业教师作为校内导师，实行双导师制的培养。

二、物流管理专业

（一）培养目标

面向快递企业、仓储配送企业、航空物流企业、物流基地、货代企业、运输企业、生产企业、连锁零售企业等，培养快递高级技能人才：具有系统的物流管理理念、较高的物流业务操作及管理能力和物流项目运营能力，同时具备一定的英语表达能力、熟练掌握计算机及网络应用技能。

（二）专业基本要求

（1）具有本专业所必需的文化基础知识和专业基础理论，掌握经济与商务管理的基本知识。

（2）熟悉物流行业有关法规及行业管理标准。

（3）精通采购、企业物流业务、仓储配送、运输、装卸搬运、流通加工、物流信息、港口业务、货代、航运、快件业务操作、快件企业管理、物流销售业务等专业知识。

（4）熟练掌握计算机及网络应用技术，具备一定的电子商务操作技能。

（5）能高效、熟练地选择运输方式和确定运输线路，合理调配车辆。

（6）能高效、熟练地进行仓储配送业务操作和管理。

（7）能高效、熟练地处理接单、查询、收取、派送、地面作业、口岸作业等快递业务。

（8）能高效、熟练地处理物流客户服务业务。

（9）会针对不同客户进行物流业务推销。

（10）具备快递业务销售操作及管理、物流基层业务管理能力。

（三）教学分析

表 2-2　物流管理专业教学分析

任务领域	典型工作任务	对应课程	职业能力
国际物流业务	国际货代综合业务操作及管理	国际物流企业工作项目运作	①精通国际物流中的贸易、港口、货代、报关、报检、船务等业务环节 ②能接受客户委托，组织、整合企业和社会物流资源，为客户提供货物代理解决方案并组织作业
	国际船代综合业务操作及管理		①会为客户订舱、安排舱位等作业，能为客户提供船务咨询服务 ②能高效率地组织港口现场作业 ③能分析国际物流市场，组织货源，销售国际物流服务产品
商业物流业务	仓储综合业务操作及管理	商业物流企业工作项目运作	①熟悉仓储中的入库、在库保管、出库、库存管理、物料控制等业务环节 ②能高效率地组织仓储配送现场作业
	配送综合业务操作及管理		①熟悉配送业务的集货、拣货、积载、配装、配送运输业务 ②能针对客户和配送资源情况制订配送资源计划，能完成供应链下的物流业务操作和管理任务 ③能为客户提供仓储与配送解决方案，能推销仓储与配送服务产品
快递物流业务	快递业务操作及管理	快递物流企业工作项目运作	①熟悉快递业务的接单服务、查询服务、收取服务、派送服务、地面作业、口岸作业、进出口操作业务环节 ②掌握国际件、专线件、香港件、台湾件的业务操作流程，并能在走货及走货顺畅方面提出建议和解决方案 ③具备快递市场渠道的建设与维护能力（合作伙伴的寻找、洽谈、考察、签订意向、试走货、签约以及大客户的维护等） ④具备快件业务风险控制能力，熟悉各种结算工具

（四）主要实践教学内容简介

1. 预备技师培养阶段专业主干课程

课程包括："国际物流业务运作与管理""仓储物流企业资源及行业分析""仓储业务操作与管理""配送业务操作与管理""快递业务流程设计与优化"。

2. 校内实践教学

（1）项目课程教学。本专业按照专业所对应岗位的任务领域设置专业课程，以典型工作任务为主线设计学习项目，通过项目课程组织开展教学。本专业的项目课程包括"运输业务操作及管理""采购操作及管理""仓储配送作业""快递业务操作""货代业务运作"等。

（2）专业综合实训。本专业按照专业综合技能要求在 C 模块第三学期安排专业综合实训，以物流沙盘模拟为实训主体，采取小组分工协作、模拟实操、课堂讨论等教学方式，让学生担任不同的企业角色，模拟企业运作流程。通过教师教学引导，学生沙盘推练，可使学生掌握企业管理的流程与经营运作，并会撰写各经营环节的分析报告。

3. 校外实践教学

（1）企业工作项目实习。该实习旨在使学生取得真实的企业项目运作经验和个性化的职业发展指导，由专业指导教师和企业业务骨干全程指导和跟踪。

① 根据学生的特点和技能水平结合当年行业发展及企业需求状况，安排学生到相应的企业。

② 由企业和专业教师共同确定实习工作项目，设计工作任务并提出工作要求，明确项目成果，制定专业技能和职业素质考核标准。

③ 学生根据企业工作项目或任务内容，收集资料，制订作业方案，完成工作项目，提交项目报告，企业出具学生实习鉴定书。

（2）毕业实习。按照预备技师阶段校外实践教学要求，实行双导师制，根据企业的具体情况，以项目课题为实习任务，按照技师能力标准进行培养与考核。毕业实习以高级职业资格的知识与技能为基础，以实用型的综合课题为实习任务，根据物流企业的具体情况，按照技师能力标准，设置一系列操作及管理研修专题，包括典型管理技术专题、综合业务操作及管理技能专题和物流业务操作及工艺分析专题等，进行专题研修，提交专项技能实训报告并参加答辩。

三、应用电子技术专业

（一）培养目标

培养高技能型人才，有理想、有道德、有文化、有纪律，德、智、体、美、劳全面发展，具有良好的综合素质，很强的动手能力、创新能力、创业能力和可持续发展能力；掌握电子电路的基础理论和实验技术，掌握电子产品的一般设计与制造、先进制造技术的应用、企业运行管理等，掌握家用电子产品的维修方法，具有精湛的维修技能；毕业后能在工业生产第一线胜任电子产品的生产管理、技术指导、质量检测、维修服务等方面的工作。

（二）专业基本要求

（1）具有良好的职业道德和一定的组织、管理能力。

（2）掌握本专业领域的基础理论、基本知识、分析和解决问题的方法与技术。

（3）掌握电子产品的简单设计与制造、先进制造技术的应用、企业运行管理。

（4）掌握各类家用电子产品的电路结构、工作原理和故障检修方法。

（5）具有本专业必需的绘图、计算、一般设计、实验、测试、编程和工艺操作等基本技能。

（6）掌握一门外国语，具有一定的阅读、翻译本专业的实用技能和一定的听、说、写能力。

（三）教学分析

表 2-3　应用电子技术专业教学分析

	教学分析		模块对应课程
	学习领域	教学目标	
专业能力	电子电路及印刷版电路图的设计	掌握 PowerPCB 电路板设计的技巧，具有熟练地设计实用的印刷版电路图的能力	电路设计与制版
	数字信号处理技术应用	掌握 DSP 的工作原理、编程指令的应用及软硬件的设计方法，具有对流水线上的信号数据进行采集、转换等处理能力和对软硬件调试的能力	数字信号处理芯片（DSP）应用技术

（续上表）

专业能力	教学分析		模块对应课程
	学习领域	教学目标	
专业能力	嵌入式操作系统应用	理解嵌入式实时操作系统 μC/OSII 源代码的分析与描述、多任务实时的基本概念、竞争与调度算法、任务间同步与通信、存储与定时的管理以及如何处理优先级反转问题，具有将 μC/OSII 移植到不同 CPU 上调及试移植代码的能力	实时操作系统 嵌入式系统及应用
	可编程控制器	掌握可编程控制器应用	可编程控制器应用
	家用电子产品维修技师模块	全面复习家用电子产品维修技师模块考工内容	电子综合训练（三）
	岗位实习	岗位操作技能、职业素养、解决实际问题的综合能力	毕业设计与实习

（四）专业主干课程及主要实践教学内容简介

1. 专业主干课程

课程包括："模拟电子技术""数字电子技术""单片机原理与应用""数字信号处理芯片（DSP）应用技术""电路设计与制版""嵌入式系统及应用"

2. 主要实践教学环节

实训环节应该以学生为中心，以企业为目标，分阶段分模块进行。应用电子技术专业的实践环节分两个部分，分别在不同的课程模块中进行：

（1）岗位实习。安排到售后服务企业，在师傅的指导下，熟悉售后服务企业的运作和管理模式，熟悉电子产品的市场营销方式，通过为客户服务这个教学手段，掌握过硬的消费类电子产品维修技能。

（2）毕业实习。毕业实习以高级职业资格的知识与技能为基础，按照预备技师阶段校外实践教学要求，实行双导师制。以实用型的综合课题为实习任务，根据电子企业的具体情况，采用专题研修形式，以高级职业资格的知识与技能为基础，以实用型综合课题为主线，根据企业的具体情况，按照技师能力标准，设置一系列产品设计专题，提交专项技能实训报告并参加答辩。

四、数控技术应用专业

(一) 培养目标

本专业培养数控加工方面的高级技能人才，要求达到以下目标：

(1) 具有良好思想政治素质、职业道德和一定的文化素养。

(2) 掌握扎实的机械加工和数控加工的基本理论，熟练使用普通车床、普通铣床、数控车床、数控铣床，熟练使用计算机绘制机械零件图，熟练使用一种以上的 CAD/CAM 软件。

(3) 熟练使用加工中心、数控线切割、电火花成型机床等其他数控设备。

(4) 精通常见的复杂零件的工艺分析与编程，并能操作数控机床加工出合格的配合件。

(5) 高级技师有数控加工高级技术工人的操作能力，预备技师具有数控加工技师的操作能力。

(6) 预备技师要能解决复杂零件的编程、工艺和装夹问题，能指导高级工和高级工以下的技术工人进行生产，能解决生产现场中出现的工艺问题，能对生产现场进行管理。

本专业毕业生从事的主要工作有：绘制机械图、操作数控机床、编制零件的加工工艺和加工程序、应用机械 CAD/CAM 软件进行实体建模和加工自动编程工作，维护、保养、调试数控机床，生产现场管理、质量管理。对应的工作岗位有：绘图员、数控机床高级操作工、数控机床编程员、数控工艺员、数控机床维修员、数控加工车间的班组长。

(二) 专业基本要求

本专业毕业生应具备的专业知识和主要专业技能是：

(1) 掌握本专业的基本理论知识，具有良好的职业道德和职业素养。

(2) 具有较高的英语水平，能阅读专业英语资料。

(3) 具备必需的机械工程能力，能阅读各类相关的技术图纸和资料。

(4) 掌握计算机系统的基本知识及计算机的日常维护。

(5) 掌握 PLC 基本原理，能进行 PLC 的编程。

(6) 掌握常用电气装置的基本原理，具备较强的操作使用和维护电气装置的技能。

(7) 熟悉常用的数控机床与系统的工作原理、构造和性能，具有数控机床与数控系统的技术管理、维护、操作的能力。

(8) 能编制数控机床（数控车床、数控铣床、加工中心、电火花机、线切割机）加工程序，操作数控机床加工工件，并能熟练使用 1~2 种 CAD/

CAM 软件。

（9）能解决复杂零件的编程、工艺和装夹问题。

（10）能指导高级工和高级工以下的技术工人进行生产，能解决生产现场中出现的工艺问题。

（11）能对生产现场进行管理。

（12）技能要求：

①达到中级数控操作工要求，获得劳动和社会保障部颁发的数控机床操作工证书（中技毕业生）。

②达到高级数控操作工要求，获得劳动和社会保障部颁发的数控机床操作工证书（高技毕业生）。

③达到数控预备技师的操作技能要求，获得数控机床操作工预备技师证书。

④具有中级计算机辅助设计操作员的能力。

（13）职业素养要求：

本专业学生要求具有良好的职业素养，职业素养包括职业道德、职业态度、职业精神等方面。本专业学生要求具备吃苦耐劳的精神，具备认真、细致的工作态度，必须严格遵守劳动纪律和工作规范，必须具有非常强的安全意识，包括人身安全和设备安全。在培养本专业学生的过程中，必须非常重视上述职业素养的培养；在各门课的教学大纲和教学实施过程中，必须包含上述职业素养培养方面的内容；在教学大纲和教学计划中必须进行职业训导。

（三）教学分析

表 2-4 数控技术应用专业教学分析

培养目标	典型工作任务	专业主干课程	职业能力
预备技师	复杂配合件的加工	数控铣削加工（四）	①熟练操作数控机床 ②能编制复杂配合件的程序并加工出合格零件
	数控机床系统的调试，数控机床常见故障的处理	数控机床维修实训	①能对数控机床系统进行调试 ②能处理数控机床的常见故障

（四）专业主干课程和主要实践教学内容简介

1. 专业主干课程

课程包括："数控铣削加工""金工技术""数控机床控制技术""机械CAD/CAM""数控机床维修"。

2. 主要实践教学环节

（1）模具数控加工综合实训：本模块为高级工模具数控加工综合能力培养模块，主要是安排学生进行模具的加工。

（2）数控机床维修实训：本模块内容为数控系统的调试、数控机床常见故障的诊断和维修，重点以学生动手调试数控系统、处理常见故障为主。

（3）数控毕业实习：该模块为预备技师综合能力培养模块，安排学生到对口企业从事数控机床的操作和编程工作，按照预备技师阶段校外实践教学要求，实行双导师制。以实用型的综合课题为实习任务，根据企业的具体情况，采用项目研究形式。以高级职业资格的知识与技能为基础，以实用型的综合课题为主线，根据企业的具体情况，按照技师能力标准，设置产品设计制作专题，提交专项技能实训报告并参加答辩。

附件三：

预备技师企业项目实践课题实施方案

一、目的

预备技师核心能力和工作经验需要在企业实践中获取，通过完成企业项目课题调研、课题立项、信息收集、分析问题、整理信息、制订解决方案等一系列研究活动，全面提升学生的实践能力，以达到预备技师培养的目标。

二、方案实施流程

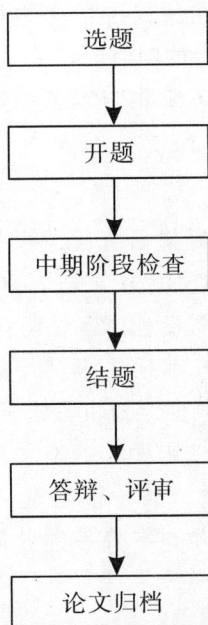

图2-1 方案实施流程

三、实施过程

(一) 选题

(1) 选题的条件：满足企业实际生产运营的需求并能够为企业提升效率或者增加经济效益；符合专业预备技师培养目标；课题项目的设置要紧密联系国家职业标准或行业要求。

(2) 选题的实施：由企业导师、学校导师、学生通过座谈的形式，共同提出在企业实际运营中需要解决的关键问题（与学生的工作内容相关性较强），再由校企导师选择评估，共同确定课题。学校导师将课题交系部申报，系部、教研室对选题进行审议，经审议后课题项目方可立项，系部、教研室对课题项目备案。

(3) 由学校导师完成《深圳技师学院（深圳高级技工学校）预备技师培养课题登记申请表》（表2-5）的填写。

(4) 课题选题设置的不同模式：

不同企业由于管理模式和学生实践岗位的不同，课题的设置选择会有所差别，根据专业现有情况可有以下模式：

①学生岗位集中在某一个具体项目或者工作内容较为近似，可设置一个大的项目课题，然后将其分解为保持相对独立的小的项目课题，每个学生以小的项目课题作为论文题目。在结题阶段由学校教师和企业导师组织学生将各个分解模块有机组合成一个大的项目。

②学生工作岗位比较分散，工作内容差别较大。按照岗位类别，设置项目课题内容，每个学生独立完成论文。

（二）开题

（1）开题阶段是课题开展的策划阶段，指导教师和企业导师一起指导学生完成《企业项目实践课题开题报告》（表2-6）。

（2）企业项目实践课题开题报告内容说明：

开题报告由学生完成，每人都须填报。开题报告是课题开展完成的重要指导文件，在开题报告中要求学生详细填写选题的背景和意义、论文的提纲、论文的研究办法及手段、参考文献及课题论文计划进度、过程中预计可能遇到的困难或问题，并提出解决的方法和措施等。

（3）开题报告经过企业导师和学校导师共同通过审核后，方可进入课题实施工作阶段。

（三）中期阶段检查

（1）课题实施进行到中段，学校教师及企业导师要对学生课题研究的进度和工作内容、阶段成果进行检查，并填制《课题阶段检查表》（表2-7）。

（2）学生要向企业导师和专业指导教师汇报课题中段取得的成果、存在的问题，以及课题中段完成进度，在其指导教师审阅后，在企业导师和专业指导教师的指导下开展下一步的研究工作。

（3）校企导师每月组织开一次研讨会，要求每位同学汇报此月的课题进展情况，检查学生课题实施的工作进度，共同分析讨论学生提出课题实施过程中遇到的问题。

（4）校企导师对未能按照工作进度完成的学生，要详细了解原因，对未能及时完成的原因要加以分析，帮助学生按照进度完成课题论文。

（四）结题

（1）结题阶段，学生完成课题研究报告，并提交给校企导师审阅。由校企导师评定论文成绩，填写《课题论文书面成绩评分表》（表2-8）。

（2）校企导师共同评审论文，对论文内容、质量和格式不符合要求的学生加以指导，并指导评审通过的学生完成论文答辩提纲。

（3）指导教师组织学生进行模拟答辩，对学生答辩加以指导。

（五）答辩、评审

（1）答辩评分小组由学校导师、企业导师、系部教学管理人员组成，答辩小组评定答辩成绩，见《课题答辩成绩评定表》（表2-9）。

（2）论文的成绩由三方评审，企业导师评审成绩占30%，学校导师评审成绩占30%，答辩小组评审成绩占40%，见《预备技师课题论文成绩评定表》（表2-10）。

（3）答辩由专业教研室组织，答辩内容以课题项目设计及论文为主。

（4）答辩时遵守回避原则，专业评分组成员不应是课题小组的指导教师。

（六）论文归档

学生所有学习成绩、报告、论文、在学校及企业的表现等均存档，作为技师成长过程的原始记录资料，以便将来对学生进行跟踪调查。《预备技师课题论文汇总存档表》（表2-11）由教研室档案管理员负责填写并归档。

附录

表2-5 预备技师培养课题登记申请

课题编号：

课题名称			
课题申请人			
课题合作企业名称			
课题组主要成员	姓名	工作单位/部门	课题分工
研究开发内容（简要说明研究开发内容、拟解决的关键技术问题、创新之处、主要技术及经济指标）			
预期成果（说明项目成果、数量及形式） 成果名称及数量： 成果形式：□项目报告　　　□新产品　　　□计算机软件（含教学课件）			

（续上表）

培养课题合作企业意见	负责人：		年　月　日
专业教研室意见	教研室主任：		年　月　日
系部审核意见	负责人签章：		年　月　日

表 2-6　企业项目实践课题开题报告

（由学生填写）

一、选题的背景和意义
二、主要内容（含论文提纲）
三、拟采取的方法、手段等
四、参考文献目录
五、课题完成工作进度安排

序号	时间	工作进度
1		
2		

六、课题预期目标和主要特点及创新点 （一）预期目标： （二）主要特点及创新点：
七、学校导师审核意见： 　　　　　　　　　　签名：　　　　　年　月　日
八、企业导师审核意见： 　　　　　　　　　　签名：　　　　　年　月　日

表 2－7　课题阶段检查表

班级		姓名	
企业名称		学习时间	年　月—　年　月
评价项目			
课题进展情况			
课题阶段质量评估			
下一阶段计划			
课题阶段综合评价	分数： 企业导师签名：　　　　　学校导师签名： 　　　　　　　　　　　　　　　年　月　日		

表2-8 课题论文书面成绩评分表

班级： 姓名： 学号：

评价内容	具体要求	分值	评分				
			A	B	C	D	E
调查论证	能独立查阅文献和从事其他调研；能正确翻译外文资料；能提出并较好地论述课题实施方案；有收集、加工各种信息及获取新知识的能力	20	20	18	16	14	≤12
分析与解决问题的能力	能运用所学知识和技能去发现与解决实际问题；能正确处理实验数据；能对课题进行理论分析，得出有价值的结论	20	20	18	16	14	≤12
工作量、工作态度	按期圆满完成规定的任务，工作量饱满，难度较大；工作努力；遵守纪律；工作作风严谨务实	20	20	18	16	14	≤12
论文（设计）质量	立论正确，论述充分，结论严谨合理；实验正确，分析处理科学；文字通顺，技术用语准确，符号统一，编号齐全，书写规范，图表完备、整洁、正确；论文结果有应用价值	30	30	27	24	21	≤18
创新	工作中有创新意识；对前人工作有改进或突破，或有独特见解	10	10	9	8	7	≤6
		总分	计算得分×30%				

导师签名：＿＿＿＿＿＿＿

表 2-9 课题答辩成绩评定表

姓名		班级		性别		学号	
专业		企业名称		毕业时间			
课题名称							
项目	优秀	良好	中等	及格	不及格	评分	
技术创新（满分30分）	27~30分	24~27分	21~24分	18~21分	18分以下		
论文撰写质量（满分20分）	18~20分	16~18分	14~16分	12~14分	12分以下		
答辩情况（满分20分）	18~20分	16~18分	14~16分	12~14分	12分以下		
课题成果实用性考核（满分20分）	18~20分	16~18分	14~16分	12~14分	12分以下		
课题成果科学性考核（满分10分）	9~10分	8~9分	7~8分	6~7分	6分以下		
总分							

表 2 - 10   预备技师课题论文成绩评定表

姓名		学号		总成绩	
题目					
指导教师评语					
	评定成绩：　　　　　　　签名：　　　　　　　年　　月　　日				
评阅人评语					
	评定成绩：　　　　　　　签名：　　　　　　　年　　月　　日				
答辩小组评语					
	答辩成绩：　　　　　　　组长签名：　　　　　　年　　月　　日				

注：设计（论文）总成绩＝学校导师评定成绩（30%）＋企业导师评定成绩（30%）＋答辩成绩（40%）

表2-11 预备技师课题论文汇总存档表

序号	学生姓名	导师姓名	所属企业	课题名称	学生人数	课题答辩通过日期	备注
1							
2							
3							
4							
5							
6							
7							
8							
9							
10							
11							
12							
13							
14							
15							
16							
17							
18							
19							
20							
21							
22							
23							
24							

附件四：

校企合作培养预备技师协议书

甲方：深圳技师学院（以下简称甲方）

乙方：   （以下简称乙方）

一、合作总则

根据广东省委、省政府《贯彻〈中共中央、国务院关于进一步加强人才工作的决定〉的意见》（粤发〔2004〕15 号）关于"加快技师工作站等人才载体建设"的部署要求，以及深圳市人力资源和社会保障局下发的《关于开展深圳市技师工作站认定工作的通知》（深人社发〔2010〕47 号）关于"设立技师工作站，充分发挥行业、企业集团或科研生产型事业单位现有高技能人才作用，采取名师带徒等方式加快培养高技能人才，校企双方共同创造优质的培养环境，培养满足企业技师岗位要求的具有良好职业素质和操作技能的高技能人才。大力推进工学结合、双导师制预备技师培养模式，使高技能人才培养工作落到实处"的目的，甲乙双方本着平等自愿、协商一致、互惠互利、共同发展的原则，就利用技师工作站平台校企合作共同培养预备技师事项达成如下协议。

二、合作形式

1. 甲乙双方采取校企合作工学结合、双导师制培养模式，共同培养预备技师。

2. 双方本着互惠互利的原则，甲方根据预备技师培养方案的要求，在不影响乙方正常生产经营的前提下，派遣学生到乙方开展岗位技能训练、项目课题研究、技术攻关等实习工作（学生实习需另行签订甲、乙和学生三方实习协议书）。

3. 甲乙双方组成实习领导小组，对实习学生进行实习教学与日常管理。乙方根据学生实习内容、项目和课题给予安排，并指派专业技术人员担任导师，以保证顺利完成预备技师培养任务。

三、双方责任和义务

（一）甲方

1. 根据专业教学计划的安排，确定每次实习的时间、内容、人数和要求，提前两周与乙方共同制订具体实习计划。

2. 安排专业骨干教师作为学校导师参与预备技师培养，负责学生实习教学、实习课题研究、论文撰写等指导工作，对实习学生进行日常管理。

3. 教育实习学生严格遵守乙方各项管理制度。

4. 为实习学生购买意外伤害保险。

5. 根据乙方的实际情况和要求，提供信息服务、技术援助和项目合作研究。

6. 为乙方优先推荐各级各类毕业生供招聘。

7. 为乙方在职员工优先提供技能培训服务。

8. 在政策允许的条件下，对乙方在招调工、社保、劳动监察等方面给予协调，对乙方员工子女报考我校给予照顾。

9. 为乙方员工开展文体活动提供一定的场所。

（二）乙方

1. 按照甲方教学计划，结合单位实际情况，安排学生实习、指导实习过程，培养实习学生实际操作能力和职业综合素养。

2. 与甲方共同制定技师工作站技师培养工作规划及技师工作站管理制度。

3. 安排本单位技师或高级技师作为企业导师，企业导师负责实习学生在企业期间的岗位技能训练、实习课题项目研究、技术攻关等指导工作。

4. 利用企业资源优势和影响，建立技师工作站技能开发成果信息库，定期向社会展示技能创新成果，并对成果进行推广。

5. 提供实习设备、工作场所和原材料。

6. 对实习学生的实习成绩进行全面的考核和评价。

7. 根据实习学生的综合素质和表现，可优先选择优秀毕业生就业。

8. 企业导师负责指导实习学生遵守企业安全生产操作规程。

9. 根据实习学生的考勤情况和实习工作实绩，给予实习学生一定的实习津贴。

10. 为实习学生购买工伤保险，为实习学生在乙方实习期间的食宿提供方便。

四、合作时间

合作时间为　　年，根据双方合作意愿和实际情况，可长期合作。首次合作结束后，双方可共同商议形成新的合作意向。

五、其他

1. 本协议一式二份，双方各执一份。合作协议一经双方代表签字、盖章即生效，双方应遵守有关条款。

2. 本协议未尽事宜，经双方友好协商并签订补充协议，补充协议与本协议具有同等效力。

3. 如一方单方面违约或损害对方利益和声誉，另一方有权中止协议。

4. 甲方在乙方实习期间创造的有形知识产权属甲方，对于双方共同合作开发研制项目，产权归双方共同所有。

甲　　方：深圳技师学院　　　　　　乙　　方：
代表签字：　　　　　　　　　　　　代表签字：
盖　　章：　　　　　　　　　　　　盖　　章：
日　　期：　　　　　　　　　　　　日　　期：

第三章 "基于工作过程的项目课程"高技能人才培养模式

第一节 高技能人才培养模式的内涵

一、什么是项目

项目是一项完整的真实的工作，这项工作可理解为一件产品的设计与制作、一个故障的诊断与排除、一项服务的策划与实施等。技能不是项目，任务也不完全等于项目。

（一）项目与任务

职业教育课程中的"任务"是指岗位的工作任务，是工作过程的一个环节。项目是完成任务获得的结果，如一件产品、一项服务、一个决策，它在项目课程设计中的角色是"活动载体"。如在市场营销专业中，产品调研是一个项目，问卷编制、数据统计、数据分析是工作任务。

（二）项目与技能

技能是指掌握和运用专门技术的能力，通过练习获得的能够完成一定任务的动作系统，而项目是按照工作任务要求进行这些操作所获得的结果。如"普通车削加工"，螺旋千斤顶的制作是一个项目，车削圆弧是技能。

二、基于工作过程的项目课程

所谓项目课程，是师生通过共同实施一个完整的"项目"工作而进行的教学活动。

项目课程把实践理解为过程与结果的统一体，认为实践只有指向产品的获得才具有意义，才能达到激发学生学习动机的目的。它不仅重视学生职业能力的培养而且重视学生的主体性，较好地实现了学习与工作之间的平衡。项目课程强调综合运用相关知识完成工作任务，以典型产品或服务为载体使工作任务更加具体化。

基于工作过程的项目课程是把企业生产、管理、经营、服务的实际工作任务作为课程设置和内容选择的参照点，以项目活动为学习的主要形式，通过学生独立或以小组形式自主完成从信息收集、工作计划制订、工作任务实施到工作成果的评价这一完整的工作过程，从而使学生在这一学习过程中获得综合职业知识和职业能力。

基于工作过程的项目课程的基础是学习任务，全称为"学习与工作任务"，即"用于学习的工作任务，其核心学习内容是工作的学习任务"。这个学习任务应当满足一些基本要求，如具有完整的工作过程；能将某一教学课题的理论知识和实践技能结合在一起；与企业实际生产（或商业）活动有直接的关系；强调对学习过程的规划、思考、反馈和分析等；反映该职业（专业）的"典型工作任务"，因为现代职业教育的学习内容不是简单的专业知识和操作技能，而是包括"工作对象、工具、工作方法、劳动组织和工作要求"的整体化的"工作"。项目课程能够帮助学生了解和处理工作、学习和生活中的各种复杂关系和矛盾，为学习者今后职业活动寻求个性化的解决方案打下基础。

基于工作过程的项目课程开发的核心工作是学习项目的设计，这是一项复杂的系统工程，需要与之相对应的课程开发技术。项目课程要充分发挥效能必须全面提升学习项目设计的方法、丰富教学资源和提升师生经验，只有这样才能较好地实施和推广项目课程。

基于工作过程的项目课程的特点：

（1）用职业能力表述课程目标。重点关注学生能做什么，而不是知道什么。

（2）以工作任务为教学内容。重点是教会学生如何完成工作任务，知识、技能学习结合任务完成过程来进行。

（3）围绕工作任务学习的需要，以典型产品或服务为载体设计"学习项目"，组织教学。教学顺序按照项目编排来展开，每个项目所要学习的工作任务可以交叉与重复，即学习项目设计是跨工作任务的，只要能服务于工作任务的学习就行，不必拘泥于工作任务的逻辑顺序。

（4）按照工作过程设计教学过程，每个学习项目包含完整的工作过程：资讯、计划、决策、实施、检查、评估。教师按照这一工作过程组织教学，针对不同的项目，六个环节可各有侧重。

第二节　高技能人才培养模式的理论基础

"基于工作过程的项目课程"培养模式的理论基础是已经在实践中被证明成熟的思想和理论，从哲学和心理两个方面建立了"基于工作过程的项目课程"培养模式的理论基础。

一、哲学基础：实用主义教育哲学

实用主义教育哲学是实用主义哲学在教育上的具体应用。以詹姆斯、皮尔斯和杜威为代表人物的实用主义哲学发端于 19 世纪 70 年代的美国，它一经形成就被视为美国民族精神和生活方式的象征，并迅速影响了全世界，成为 20 世纪上半叶最具影响力和权威性的教育思想。特别是经过杜威发展的实用主义哲学，确立了"工作知识"在人的知识结构中的重要地位，为培养迅速适应工业化社会的人才提供了思想指南。当下，我们迫切需要培养大量适应我国新型工业发展需要的高技能人才，实用主义教育哲学为我们创新人才培养模式提供了理论武器；也正是以实用主义教育哲学为立论基础，我们建立了"基于工作过程的项目课程"培养模式。

第一，"学习过程"即"工作过程"。在传统教育中，教育和工作是割裂开来的，学生从学校出来根本无法适应工作要求。杜威从实用主义的哲学观出发，提出"教育即生活"的思想，强调"做中学"。他认为，从人类经验的传递和延续来看，教育是社会继续存在的条件；从人类经验的交流来看，教育是社会共同生活的基础，只有将教育和社会生活实践联系起来，教育才能发挥其应有的作用。基于此，"基于工作过程的项目课程"培养模式将高技能人才的学习过程和企业工作过程密切联系起来，实现了一种"零距离对接"，包括学习过程与工作过程的零距离、技能等级与实际能力的零距离、职业能力与就业能力的零距离。这种学习过程和工作过程相统一的教学模式，充分体现了杜威实用主义"做中学"的思想。

第二，"评价过程"即"成长过程"。由于技术的发展使分工越来越细，人被迫局限于生产的某个局部领域，越来越依赖机器，成为技能上的"工具人"。因此，传统的教育对人的评价也是静止的，以考核理论知识为主。比如，高技能人才的评价以国家职业资格证书的考评为主，忽视企业的工作实际要求；另一方面，评价与培养、使用、激励等环节也没有形成有效联动，导致评价难以促进个人的成长。杜威的实用主义哲学认为"教育即生长"，这是基于"人是有主观能动性的个体"这一哲学思想出发而作出的判断。因此，每一个人不仅有生存权，而且有发展权，教育不仅要教给人工作的知识和技能，也要教给人成长的素质和精神。在这个意义上，"基于工作过程的项目课程"的评价模式把人的成长和发展放在第一位，把学习、考核、评价统一起来，重视工作业绩评价，不仅评价一个人的专业能力，也评价他的社会能力和方法能力。"基于工作过程的项目课程"的评价模式注重人的可持续发展性，强调学习者的职业兴趣，即学习者接受高技能人才的学习和评价是自愿的和积极主动的。

第三，"分阶段、递进式"原则。杜威的实用主义教育哲学认为，"教育是经验的改造或改组"，一切教育来自经验，但教育必先选择经验并对之进行有效组织。经验受到年龄特征和心理特征的影响，因此，每个年龄段的经验不同，教育的选择和实施过程也不同。对于"基于工作过程的项目课程"培养模式来说，就是要针对不同阶段的不同经验，实施"分阶段、递进式"培养。

"分阶段"即是说，学生可以在不同的起点出发，接受不同的课程学习后，达到希望的阶段性目标。每一个阶段是一个完整的系统。每一个阶段完成后都达到一定的职业资格等级，可以就业，也可以继续学习，达到更高的目标。"分阶段"包括以下内涵：

其一，不同起点都可以进入学习。主要分为三个层次：初中毕业生、高中毕业生、职业教育毕业生。由于根据这三类对象的文化技能程度和学生特点，设计了不同的有针对性的课程，可以使这些不同程度的学生都有适应自己学习提高的阶段。

其二，阶段之间在教学上是连贯的，阶段的成绩是可以积累的。学生在学校或已经就业，都可以继续就读原有的专业，即在原有的基础上，不必重复已经学过的课程，直接进入高一级的阶段。

其三，阶段之间的连续和中断完全可以视学生自己的需要而定。这一需要可能是就业的需要，也可能是学习本身的需要。如果学生希望继续升学，可以直接进入下一阶段；如果已经就业的学生需要继续学习以提高自己的知识技能，也可以凭借已经获得的学习成绩直接进入高一级的阶段。

其意义表现在四个方面：中高衔接、职业发展、阶段分流、各得其所。

中高衔接：技工学校毕业生毕业后可以通过相关的课程继续升学，高中毕业生也可以通过相关的课程继续升学，此后的学习阶段即为高等职业教育阶段。

职业发展：已经就业的员工为了实现自己的职业理想，改善就业环境，提高职业质量，可以根据自己的基础进入任何一个阶段继续学习，以达到自己的理想目标。

阶段分流：学生根据自己的学习情况和生活条件，可以选择就业或升学。在分段教学模式下，就业或升学都有很大的自由空间。

各得其所：个人的意愿都可以得到充分的尊重。

"递进式"即是说，"基于工作过程的项目课程"高技能人才培养模式是动态的、连续的，而不是静止的。在杜威的实用主义哲学看来，经验具有"连续性原则"，教育是在经验中、通过经验和为着经验的一种发展过程，教育者的任务就在于看到一种经验所指引的方向，是引导继续生长还是起阻碍继续生长的作用。"基于工作过程的项目课程"高技能人才培养模式把学习和评价对象的能力分成两个方面：一是内在方面彼此呼应的"连续能力"，分为"专业能力""方法能力"和"社会能力"；二是外在方面逐层递进的"连续能力"，分为"中级""高级"和"技师"，从低到高递进。

"基于工作过程的项目课程"培养模式把实用主义教育哲学作为哲学基础，因为它解决的是如何更好地掌握"工作知识"的问题。高技能人才的成长是以获得工作过程的知识为基础的。"工作知识"是一个人知识结构中必不可少的一部分，在实践中体现为操作技术，它是工作活动得以顺利完成的根本保证。"基于工作过程的项目课程"培养模式以工作过程为导向，以项目为载体，将理论与实践有机地融合到一起，通过手脑并用的"做中学"（learning by doing）以及行动导向的理论实践一体化的学习，促进学生综合职业能力的发展。

二、教育心理学基础：行为—认知主义学习理论和建构主义学习理论

从最初以研究动物学习为实验基础的行为主义，到现在以关注学生自主探究为核心的建构主义，心理学应用于教学实际，形成了许多学习理论，这些理论从最初的相互对立到现在的相互吸纳和融合，已经能够比较全面地解释学习现象和规律。

（一）行为—认知主义学习理论：学习具有层次性、连续性、积累性

早期的行为—认知主义学习理论是美国心理学家托尔曼的"信号学习理论"，而成熟的行为—认知主义学习理论是美国心理学家加涅的"累积学习理论"和布卢姆的"掌握学习理论"。

在加涅的"累积学习理论"看来，"学习是人的倾向或能力的改变"，即学习是"习得性的"。人通过学习获得五种能力：言语信息、智慧技能、认知策略、态度和动作技能。前三种能力属于认知领域的能力，即所谓的掌握工作过程知识的"方法能力"；态度属于社会领域的能力，即所谓的掌握工作过程知识的"社会能力"；动作技能属于专业领域的能力，即所谓的掌握工作过程知识的"专业能力"。加涅认为，能力的习得是分层次进行的，这种分层次进行的学习符合人的由浅入深、从简单到复杂的认识规律。他说："要确保课程中每个单元实际上都使学生进一步靠近长远的目标，就需要划分这些目标的层次。"

布卢姆的"掌握学习理论"和加涅的"累积学习理论"对于学习的看法

相同，"掌握学习理论"也将学习划分为认知、情感和动作技能三个基本领域。其"情感"领域目标和加涅学习结果中的"态度"目标一致，在"认知能力"和"动作技能"领域的观点也是一致的，均认为学习应与实践相结合，学习是为了应用知识，提高解决问题的能力。"动作技能"的一个显著特点是只有经过长期不断地练习，才能日益精确和连贯。布卢姆认为，学生为了获得这些学习能力，必须将学习目标分层，因为"行为目标"是由简单到复杂递进的，各目标不是孤立的，而是后一目标建立在前一目标的基础之上。

由于学习目标是分层次的，所以在教学过程中，教师呈现的教学任务也应该是分层次的。学生个体学习是分层递进进行的，而每一个学习个体的学习程度也是有差异的，在掌握学习理论看来，这种差异不是天生的，而是环境造成的。

学习目标的层次性决定了评价的即时性。在布卢姆看来，评价是学习过程的一部分，所以他强调更多地使用"形成性评价"，即把学习任务分为若干单元，每一单元又分为若干要素，这些要素的排列是从具体到抽象，再到一些相当复杂的动作过程。与"累积学习理论"一样，布卢姆认为形成性评价的结果可以为教师和学习者提供及时反馈。基于此，"基于工作过程的项目课程"培养模式也是过程评价，一个项目结束后就给予评价，基本技能加工作业绩评价合格后即发给相应的合格证书。

学习目标的层次性也决定了学习过程的连续性和学习结果的累积性，即前次的学习是后次学习的准备，前一层次的学习结果是后一层次学习的准备。加涅说："一种先决技能与其上位技能有机地联系在一起，从这个意义上说，如果学生没有获得先决技能，那么后面的技能就不能获得。"必须说明，这里的学习积累不但是知识和技能的积累，而且也是情感和态度的积累，学习者对于学习任务的情感准备状态决定了学生为完成该学习任务准备付出必要的努力程度，同时还决定了学生在遇到困难和挫折时的态度。

（二）建构主义学习理论："基于工作过程的项目课程"在培养和评价过程中的意义

建构主义学习理论是当下世界各国实施教学改革的主导理念，它建立在认知主义心理学研究成果的基础之上，从皮亚杰的发生认识论和维果茨基的最近发展区理论开始，许多心理学家的工作都对建构主义学习理论的产生和发展作出了贡献。当然，累计学习理论和掌握学习理论也对建构主义学习理论的进一步发展产生了积极的影响。

建构主义学习理论强调以学生主动求知为中心，即以学生为主体，使学生成为学习的主人，使他们能够亲自动手解决实际问题。在解决问题的过程中，学习者实现了知识的建构。皮亚杰提出，这种建构过程就是主体在新旧知识之间建立连接关系的过程，即新知识必须建立在旧知识的基础之上。那么，教师如何为学生提供有效的新知识呢？维果茨基提出"最近发展区"的概念，即新知识的点要距离旧知识最近，使学生通过"跳一跳"就可"够得着"。在现代教学中，"最近发展区"是通过设置问题情境来建立的。这种情境可以是"语言情境""模拟情境"，也可以是"真实情境"。

在项目课程教学中，一般设置的是来源企业的"真实情境"。让学生应用已有的知识和经验，采用各种方式去解决现实问题，这是一个主动建构的过程，也正是建构主义学习理论的核心所在。实际上，学生解决问题通常不是单独的，而是通过小组合作学习解决的，这就是建构主义学习理论强调小组学习的意义。只有到了最后，当学生已经达到了比较稳定的概念化的理解后，教师才教授给学生概念和原理。

"基于工作过程的项目课程"培养模式中的项目课程，是师生通过共同实施一个完整的"项目"工作而进行的教学活动。它既是一种课程模式，又是一种教学方法。

项目课程把实践理解为过程与结果的统一体，认为实践只有指向产品的获得才具有意义，才能达到激发学生学习动机的目的。它不仅重视学生职业能力的培养，也重视学生的主体性，较好地实现了学习与工作之间的平衡。项目课程强调综合运用相关知识完成工作任务，以典型产品或服务为载体，使工作任务更加具体化。

项目课程的基础是学习任务，全称为"学习与工作任务"，即"用于学习的工作任务，其核心学习内容是工作的学习任务"。这个学习任务应当满足一些基本要求，如具有完整的工作过程；能将某一教学课题的理论知识和实践技能结合在一起；与企业实际生产（或商业）活动有直接的关系；强调对学习过程的规划、思考、反馈和分析等。职业教育中优秀的项目课程，还应反映该职业（专业）的"典型工作任务"，因为现代职业教育的学习内容不是简单的专业知识和操作技能，而是包括"工作对象、工具、工作方法、劳动组织和工作要求"的整体化的"工作"。项目课程能够帮助学生了解和处理工作、学习和生活中的各种复杂关系和矛盾，为学习者今后的职业活动寻求个性化的解决方案打下基础。

建构主义学习理论鼓励教学和评价一体化，以便对学习过程能够及时评价和反馈。"基于工作过程的项目课程"培养模式正是特别强调"学考评一体化"。因为建构主义学习理论强调的是对于问题情境的解决，所以，"基于工作过程的项目课程"的评价模式不是学生再现知识的水平和能力，而是评价在解决真实工作任务过程中运用知识和技能的情况。

第三节 高技能人才培养模式的主要思想

培养模式是高技能人才能力提升的关键因素，也是实现高技能人才培养目标的质量保证。"基于工作过程的项目课程"培养模式是以能力为本位、以职业活动为核心、以学生为主体的培养模式，主要思想为：

一、以职业生涯发展为目标，明确专业定位

学生的职业生涯发展是实现学生自身发展和社会经济发展需要的结合点。专业定位要立足于学生职业生涯发展，尊重学生基本的学习权益，给学生提供多种选择方向，使学生获得个性发展与工作岗位需要相一致的职业能力，为学生的职业生涯发展奠定基础。

二、以工作任务为线索，确定课程设置

课程设置必须与工作任务相匹配。要按照工作岗位的不同需要划分专门化方向，按照工作任务的逻辑关系设计课程，打破"三段式"学科课程模式，摆脱学科课程的思想束缚，从岗位需求出发，尽早让学生进入工作实践，为学生提供体验完整工作过程的学习机会，逐步实现从学习者到工作者的角色转换。

三、以职业能力为依据，组织课程内容

知识的掌握服务于能力的建构。要围绕职业能力的形成组织课程内容，以工作任务为中心来整合相应的知识、技能和态度，实现理论与实践的统一。要避免把职业能力简单理解为操作技能，注重职业情境中实践智慧的养成，培养学生在复杂的工作过程中作出判断并采取行动的综合职业能力。课程内容要反映专业领域的新知识、新技术、新工艺和新方法。

四、以典型产品（服务）为载体，设计教学活动

按照工作过程设计学习过程。要以典型产品（服务）为载体来设计活动、组织教学，建立工作任务与知识、技能的联系，增强学生的直观体验，激发学生的学习兴趣。典型产品（服务）的选择要体现上海的经济特点，兼顾先进性、典型性、通用性，活动设计要符合学生的能力水平和教学需要。

五、以职业技能鉴定为参照，强化技能训练

以职业技能鉴定为参照强化技能训练。课程标准要涵盖职业标准，要选择社会认可度高、对学生劳动就业有利的职业资格证书，具体分析其技能考核的内容与要求，优化训练条件，创新训练手段，提高训练效果，使学生在获得学历证书的同时，能顺利获得相应的职业资格证书。

第四节 高技能人才培养模式的开发方法和实践

"基于工作过程的项目课程"技能人才培养模式应当遵循的基本操作程序和规范，可从三个方面进行表述，即开发主体、开发过程和工作成果。核心是开发过程，包括专业调研、工作任务与职业能力分析、课程结构分析、课程内容分析等主要环节，分别由不同的主体来承担。最终形成四个成果，即专业人才需求和专业市场调研报告、专业教学计划、专业课程大纲、项目课程教材。开发程序如图 3-1 所示。

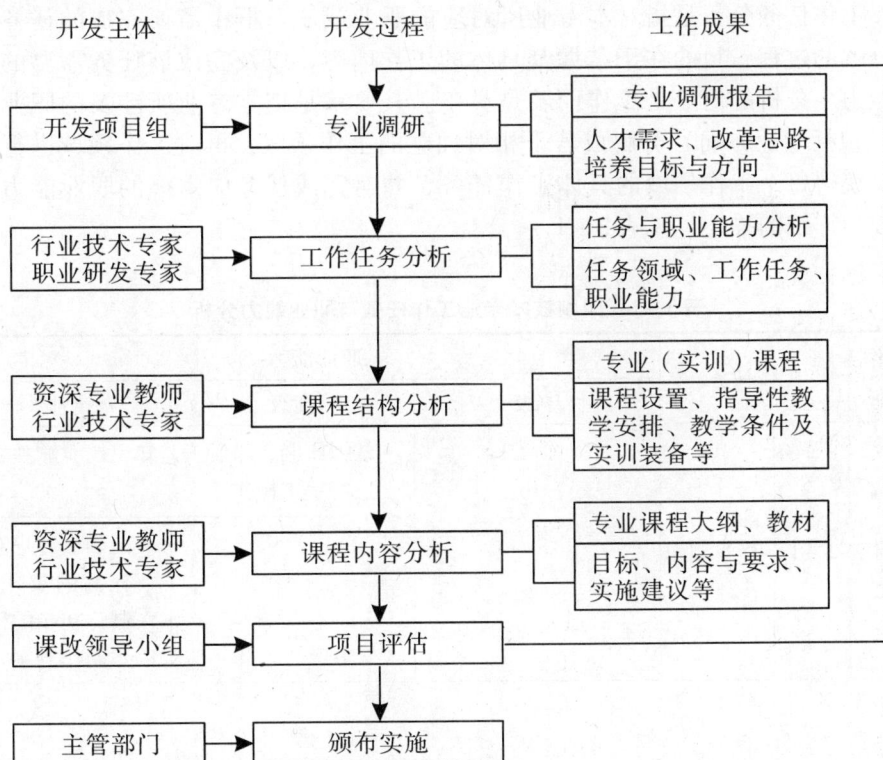

图 3-1 开发程序

一、专业市场调研

专业市场调研是项目课程体系构建的一项基础性工作，也是一项关键性工作，其成果直接影响到课程的设置、课程内容中典型产品（服务）的选择、专业课程大纲的开发以及实训室的划分和功能的确定等。因此，专业市场调研对项目课程开发具有重要的意义。

（一）专业市场调研内容

1. 人才需求和专业改革调研

人才需求与专业改革调研其内容包括相应行业的人才结构现状、专业发展趋势、人才需求状况，岗位对知识能力的要求、相应的职业资格，学生的就业去向等。调研要从宏观上把握行业、企业的人才需求与职业学校的培养现状，在此基础上确定专业教学改革思路、培养目标及专业方向等。

专业市场调研成果形式是"××专业市场调研报告"。调研报告的内容说明及体例见本章附件一。

2. 工作任务分析

工作任务分析是指对本专业所对应的职业或职业群中需要完成的任务进行分解的过程，目的在于掌握其具体的工作内容，以及完成该任务需要的职业能力。分析的对象是工作而不是员工。其要求是把本专业所涉及的职业活动（包括专业方向）分解成若干相对独立的工作领域，再对工作领域进行分析，获得每个工作领域的具体工作任务，并对完成任务应掌握的职业能力作出较为详细的描述，见表3-1。

表3-1 印刷技术专业工作任务与职业能力分析

工作领域	工作任务		职业能力		
			中级	高级	技师
工艺设计	1-1	样本制作		●掌握印刷、印后工艺知识，能够独立进行手工操作	
					●能领会客户对样品的要求，制订初步的样本制作方案

（续上表）

工作领域	工作任务	职业能力		
		中级	高级	技师
工艺设计	1－2 材料预订及成本核算	• 掌握纸张开度和裁切方法	• 掌握常规材料的印刷适性及价格	• 掌握材料在行业中的核算标准，能够进行成本核算 • 能针对特定产品进行材料选择
	1－3 制作工艺规范书（标准）	• 掌握印刷工艺流程和印后加工方式	• 基本掌握常用书刊及包装版式要求 • 基本掌握各种设备的性能、所能达到的工艺效果以及合适的加放数量	
	1－4 开发新工艺及材料		• 掌握各种原辅料的性能特点 • 掌握各种生产工艺的特点	• 能根据新产品要求选择相应的材料和工艺流程
原稿处理	2－1 数字化图片（扫描、电分、数码摄影）	• 掌握电分机工作原理，会使用电分机 • 掌握数码摄影的一般方法	• 能够正确表达和应用色彩	
	2－2 校正图片（清晰度、颜色、层次）		• 能熟练应用Photoshop软件进行图像的校正操作	• 能正确判断图像清晰度、颜色和层次

（续上表）

工作领域	工作任务		职业能力		
			中级	高级	技师
稿件制作	3－1	录入文字	• 能熟练运用五笔输入法，70字/分钟以上 • 掌握常用字体的特征		
	3－2	编排版面	• 熟练应用常用排版软件、平面设计软件（Indesign、PageMaker等） • 掌握版面设计与编排的方法 • 基本掌握印刷及印后加工工艺	• 能构思图形创意和掌握平面设计的各种表现手法	
	3－3	处理图形、图像	• 能熟练运用图形、图像软件进行图像的处理与操作（褪底、修图、效果、存储文件等）	• 能熟练应用各种软件的高阶功能，能有效渲染自己的设计作品 • 能安装计算机系统及应用软件 • 能够进行计算机的一般维护及常见故障的排除	
	3－4	转换文件	• 掌握常用文件网络传输的方法 • 能正确选择传输文件的格式，采取正确的浏览方式 • 能根据客户需求、文件的形式正确转换成对应的传输文件（如PDF等）	• 掌握不同软件的特点 • 能够进行不同软件间的文件转换操作 • 能够运用印前软件生成PDF、JPEG文件等文件格式并应用于各种用途	

（续上表）

工作领域	工作任务		职业能力		
			中级	高级	技师
印前输出	4-1	检查文件		• 能熟练掌握常用字体特征 • 掌握各种印前软件的操作	• 掌握输出的工艺要求（补漏白、叠印、字体替换等）
	4-2	输出菲林		• 会操作激光照排机 • 能检查菲林质量 • 能正确设置输出参数	
	4-3	打样		• 会操作传统打样机 • 会操作数码打样设备	• 会评价打样质量
	4-4	拼大版		• 能独立完成传统手工拼版工作 • 掌握各种标记的含义及作用，会添加各类标记	• 掌握书刊产品的拼版方法 • 基本掌握包装产品拼版的方法
	4-5	制作蓝纸样		• 掌握印刷工艺（折手、装订方式等） • 能够操作输出蓝纸设备 • 会检查蓝纸样	
	4-6	晒版		• 掌握晒版设备的工作原理和参数设定 • 能够完成晒版工作	• 能够检查印版质量

（续上表）

工作领域	工作任务	职业能力		
		中级	高级	技师
印前输出	4-7 CTP制版	• 掌握 CTP 工作流程及设备工作原理 • 掌握相关印刷工艺（折手、装订方式等） • 掌握常用文件网络传输的方法 • 能正确选择传输文件的格式，采取正确的浏览方式 • 能根据客户需求、文件的形式正确转换成对应的传输文件（如 PDF 等）	• 能检查输出文件的正确与否（掌握叠印、陷印等技术） • 能熟练运用拼版软件，按要求拼大版 • 能够对 CTP 设备进行线性化检测 • 能够正确设置分色、加网参数 • 能够熟练使用数码打样设备及蓝纸打样设备 • 能检查及判断印版质量 • 能够运用印前软件生成 PDF、JPEG 等文件格式并应用于各种用途	
	4-8 保养及维护输出设备		• 能够根据维护、保养计划，进行设备的维护、保养 • 能安装计算机系统及应用软件 • 能够进行计算机的一般维护及常见故障的排除	

（续上表）

工作领域	工作任务	职业能力		
		中级	高级	技师
产品印制	5-1 准备原辅材料	• 掌握纸张的开度及裁切方法 • 掌握材料的印刷适性及特性		
	5-2 调配油墨		• 掌握油墨的印刷适性 • 能够熟练调配各种油墨	• 能熟练判断油墨的印刷效果
	5-3 操作印刷设备		• 基本掌握胶印机的各部分机械构造及工作原理 • 能判断印版色别及印版质量	
			• 能熟练操作与调节胶印机（飞达、双张控制器、走纸轮、前规、拉规、牙排、印刷压力、水路、墨路、传纸滚筒、风量调节、喷粉调节、水墨平衡、水斗液的配比、拆装印版、校版等） • 能够分析印张效果和质量	
	5-4 控制印刷质量		• 能够分析印张效果和质量（污点、脏点、干水、套准、成品尺寸、正反套准、掉粉等） • 会使用分光光度计和密度计 • 基本掌握常见的印刷质量故障原因	• 能分析印张的测量数据 • 能排除常见的印刷故障
	5-5 维护与保养印刷设备	• 能够按照维护保养要求，进行日常维护保养 • 能准确填写维护保养记录		

（续上表）

工作领域	工作任务		职业能力		
			中级	高级	技师
印后加工	6-1	准备原、辅料	会依据工单开料、备料		
	6-2	表面加工	● 基本掌握常用表面处理（覆膜、混印、模切、过油、磨光等）的工艺 ● 基本掌握常用的表面处理设备的操作		
	6-3	书刊装订	● 掌握常用的书刊装订的方式及工艺流程 ● 基本掌握书刊装订设备的操作		
	6-4	维护、保养印后设备	● 能够按计划维护保养设备		
质量控制	7-1	材料检验	● 掌握各种材料的国家标准和行业标准 ● 能操作相关检测仪器		
	7-2	过程检验	● 能熟练掌握各工序对质量的技术规范要求	● 能判断出产生质量问题的初步原因	
	7-3	成品检验	● 能熟练掌握客户的质量要求 ● 能熟练掌握抽样方法		
	7-4	编制质量报告		● 能判断各工序产生故障的基本原因	● 能提出相应的纠正预防措施 ● 能收集、汇总和分析相关数据，具备较强的数据分析能力

（续上表）

工作领域	工作任务		职业能力		
			中级	高级	技师
生产管理	8-1	编制生产计划	● 能够熟练运用各种办公软件	● 熟练掌握各种机台的基本性能参数及产能 ● 掌握产品的相关工艺特性	
	8-2	材料、物料等的准备与调度		● 掌握相关材料的准备周期 ● 合理调度材料、成品、半成品等在各工序间的流动	
	8-3	安排生产进度		● 能根据生产计划合理安排生产进度	
	8-4	控制生产成本		● 能掌握各工序的损耗标准和易出现不良的部位	● 能及时采取有效措施控制损耗
	8-5	编制设备保养、维修计划		● 熟悉各种设备的保养周期	
客户服务	9-1	整理来稿	● 能够区分原稿（文字、版式、光盘等）的种类、材料和工艺要求，并做好记录 ● 会绘制简单的设计稿 ● 掌握原稿保护的方法 ● 能识别各种批示符号 ● 掌握印前涉及的排版软件 ● 熟练掌握办公软件		
	9-2	确认客户工艺要求	● 掌握印前、印刷、印后工艺知识和流程	● 会开具生产工程单 ● 能够为客户提供合理化建议	

（续上表）

工作领域	工作任务	职业能力		
		中级	高级	技师
客户服务	9－3 跟踪、反馈订单进度及问题	• 具备良好的沟通、协调能力和较强的责任心 • 掌握公司的生产作业流程		
	9－4 处理客户投诉	• 能够认真、诚恳听取客户投诉，并即时道歉、反馈、答复 • 记录客户投诉，并清楚地传达给相关部门	• 能监督整改措施的有效性	
	9－5 客户档案管理	• 能对客户印件资料进行管理 • 能对客户投诉文件进行管理 • 能对客户个性资料进行留档保存		
数码印刷	10－1 操作数码印刷机	• 掌握数码印刷设备的性能，能正确选择 • 传输文件的格式采取正确的浏览方式 • 能根据客户需求、文件的形式正确转换成对应的传输文件（如 PDF 等）	• 会设定数码印刷设备的参数、流程和选择纸张 • 掌握常用文件网络传输的方法 • 能根据客户的使用需求采取相应的文件压缩方式 • 能够运用印前软件生成 PDF、JPEG 等文件格式并应用于各种用途	
	10－2 数码印刷设备的维护与保养		• 能对数码印刷设备进行日常维护保养	

（续上表）

工作领域	工作任务		职业能力		
			中级	高级	技师
色彩管理	11－1	设置标准光源		● 能正确设置和测量标准光源，D50、D65	
	11－2	输入设备的色彩管理		● 能够完成输入设备的校正、ICC 特性化文件制作及色彩转换	
	11－3	显示设备的色彩管理		● 能够完成显示设备的校正、ICC 特性化文件制作及色彩转换	
	11－4	输出设备的色彩管理		● 能够完成输出设备的校正、ICC 特性化文件制作及色彩转换	
	11－5	印刷设备的色彩管理		● 能够完成印刷设备的校正、ICC 特性化文件制作及色彩转换	
	11－6	色彩控制		● 能够根据实际生产工艺调整色彩管理相关参数	

（二）专业市场调研方法

1. 调研方法

人才需求与专业改革调研以走访典型企业调查为主，了解行业、企业发展现状与趋势、从业人员基本情况、职业岗位分析及职业资格证书分析。建议重点解剖若干个具有代表性的企业。

2. 工作任务分析会

采用头脑风暴法，在主持人的主持下，企业专家对岗位中的工作任务进行会议形式的研讨，制定出工作任务分析表。

（1）前期准备。

①设备：首先需要一个能容纳 30 人左右的中型会议室。会议室的桌子应当是圆形的，以利于专家之间面对面的沟通。此外，还要准备电脑、投影屏幕、泡沫板、纸、笔、分析表等。

②主持人：主持人应熟练掌握工作任务分析技术，善于引导行业技术专家小组按照项目课程开发要求进行工作任务分析，并善于归纳、整合、提炼专家的意见。

③企业专家：企业专家以行业技术专家为主，人数约为 10 人。行业技术专家主要指部门经理、车间主任、工段长、班组长、岗位技术骨干等一线人员。参与工作任务分析的行业技术专家，应注意符合以下条件：具备高级工

及以上相应职业资格；在该领域具有五年以上工作经历和丰富经验，对所从事的工作岗位有较宏观、整体、前沿性的了解；善于表达与合作。行业技术专家应具有代表性，覆盖与本专业就业岗位相对应的不同性质、类型、规模、层次的企业。

④列席人员：参与课程开发的教师应当列席任务分析会，认真听取企业专家的意见，仔细理解和记录每条工作任务确立的过程。

⑤准备资料：需要准备的资料包括工作任务与职业能力分析表，样例见下表；工作任务分析的理念与基本操作要求；分析专家与企业专家名单。

（2）研讨会基本步骤。

①主持人介绍情况。主要介绍专业课程开发的背景情况、前期专业调研情况以及分析会的有关技术，如工作流程、有关概念的界定等。要坚持从工作岗位的实际需要确定任务领域、任务和职业能力。

②确定工作领域。将本专业所涉及的职业活动（含所有专门化方向）按工作的性质和要求分解成若干个工作领域。工作领域分析可对应工作岗位进行，也可综合地进行，这取决于工作岗位之间的界线是否清晰。表3-2为数控技术应用专业工作任务与职业能力分析表，对该专业对应工作岗位进行工作领域分析。

表 3-2　数控技术应用专业工作任务与职业能力分析

工作岗位	工作领域	工作任务	职业能力		
			中级	高级	技师
数控铣床操作与编程	1. 识读图样	1-1 识读零件图	• 看懂各种零件材料的符号表达 • 能看懂图纸中文信息栏要求 • 会使用 CAD 绘图 • 能判断加工是否能满足设计精度要求 • 能读懂形位公差、尺寸公差、表面粗糙度公差 • 能看懂第一视角图纸	• 能看懂图纸英文信息栏要求 • 能判断图纸设计是否有错误 • 能看懂第三视角图纸	• 熟练使用 CAD 绘图
		1-2 识读装配图	• 能读懂装配公差、配合要求 • 能了解每个零件的装配位置	• 能准确识别每个零件的装配位置	• 能判断配合是否合理

（续上表）

工作岗位	工作领域	工作任务	职业能力		
			中级	高级	技师
数控铣床操作与编程	1. 识读图样	1-3 识读工艺图	• 能看懂工艺图纸要求	• 能判断工艺图的余量要求是否合理	• 能看懂定位及装夹基准符号
	2. 制定工艺与工艺开发	2-1 审查图纸	• 能看懂三视图 • 能识别常用材料	• 能快速看懂三视图	• 能判断图纸的合理性
		2-2 制定加工工步	• 能根据图纸要求制定零件的加工步骤、流程 • 能根据零件材料选用刀具和切削参数 • 了解机床的行程、载重等相关技术参数 • 能根据零件形状选择夹具	• 熟悉机床的行程、载重等相关技术参数	• 能进行专用夹具的设计
		2-3 优化加工工艺	• 能根据零件的加工质量调整加工工艺、切削参数 • 能判断加工过程合理性	• 优化加工参数	• 能提出工艺改进方案
	3. 选用及磨削刀具	3-1 挑选合适刀具	• 能认识铣削常用刀具 • 能按工件的要求选择适合加工的刀具	• 能熟练识别铣削刀具	
		3-2 磨制刀具	• 能安全操作磨刀机 • 能根据刀具材料选择砂轮类型 • 能检测刀具是否合格		
		3-3 维护刀具	• 懂得刀具的正确摆放 • 懂得刀柄、夹头的正确保养 • 懂得刀具的日常维护		

（续上表）

工作岗位	工作领域	工作任务	职业能力		
			中级	高级	技师
数控铣床操作与编程	4. 编写程式及优化程序	4-1手动编程	● 能熟练操作铣床数控系统 ● 能够识记程式指令代码 ● 能够编写简单零件加工程序 ● 会使用简单宏程序 ● 能够选用常用刀具在加工不同材料、不同产品精度要求时的加工参数 ● 能够判断刀具装夹长短与刚性	● 能够编写零件加工程序	● 会熟练使用宏程序 ● 能够选用各种刀具加工参数
		4-2软件编程		● 能熟练应用 UG、MasterCAM、Pro/E、PowerMill 中的一种软件 ● 能完成零件图形格式转换，包括2D、3D 转换 ● 能根据零件的图纸、模型编制合理程序 ● 能够选用常用刀具在加工不同材料、不同产品精度要求时的加工参数 ● 能正确传输加工程序 ● 能够判断刀具装夹长短与刚性	● 能精通应用 UG、MasterCAM、Pro/E、Power-Mill 中的一种软件 ● 能对软件进行二次开发

（续上表）

工作岗位	工作领域	工作任务	职业能力		
			中级	高级	技师
数控铣床操作与编程	5. 操作数控铣床	5-1治工夹具的选用、工件装夹	• 能根据工艺安排正确选择治工夹具 • 能安装、使用治工夹具 • 能判定治工具、夹具是否合格	• 能看懂装配图（治工具） • 能判定治工具、夹具是否合格，并维护保养	• 能设计简单夹具，能对复杂夹具提出方案 • 熟练安装、使用治工夹具、旋转工作台、磁力平台 • 能判定治工具、夹具是否合格，并提出改进方案
		5-2装夹刀具及对刀	• 会安全装夹刀具 • 会使用机内对刀 • 会使用刀具补偿	• 会使用机外对刀	• 能指导机内、机外对刀 • 能指导刀具补偿
		5-3调整加工参数	• 熟悉机床加工代码、能看懂程序 • 会修改加工参数 • 会调用程式		• 能提出加工参数的改进方案
		5-4加工操作	• 熟悉安全操作规程 • 会正确开、关铣床 • 能正确校准分中、设定工件坐标系 • 能正确手动输入程序 • 能正确调用加工程序 • 能加工出合格零件 • 能判断加工过程中的异常情况	• 能处理加工过程中的异常情况	• 能制定安全操作规程 • 会操作多轴联动机床

（续上表）

工作岗位	工作领域	工作任务	职业能力		
			中级	高级	技师
数控铣床操作与编程	6. 检测零件	6-1 检测表面质量	• 会判断工件外观不良 • 会判断工件表面粗糙度		• 会判断工件外观不良，并提出改进方案及预防措施
		6-2 选择测量工具	• 会看懂图样的精度要求 • 能根据工件精度选用测量方法 • 能根据工件尺寸正确选择测量工具		• 能根据工件尺寸正确选择测量工具
		6-3 使用测量工具	• 能正确使用内径千分尺、千分表、卡尺、塞规、螺纹规等常用量具 • 能保养测量工具	• 能正确使用光学投影仪、高度仪等量具 • 能维护测量工具	
	7. 保养设备	7-1 设备点、定检	• 能看懂各种压力表 • 能够正确定期加注润滑油、润滑脂 • 能完成设备日常清洁	• 能够识别机床报警 • 能够识别异常响声	
		7-2 记录日常情况	• 会填写日常情况表 • 会填写设备工作日志	• 能准确填写日常情况表	• 会设计表格
		7-3 记录、反馈异常情况	• 能描述异常情况 • 能及时反馈异常情况	• 能准确描述异常情况 • 能准确填写报警信息	

（续上表）

工作岗位	工作领域	工作任务	职业能力		
			中级	高级	技师
数控铣床操作与编程	8. 制造过程管理	8-1 生产流程制定			• 能制定设备操作规范 • 生产人员组织、协调 • 能制定加工作业指导书 • 能制定安全操作规范
		8-2 品质控制			• 能对品质异常进行分析、提出改进措施 • 能对品质改进跟踪、指导
数控车床操作与编程	1. 识读图样	1-1 识读零件图	• 看懂各种零件材料的符号表达 • 能看懂图纸中文信息栏要求 • 会使用 CAD 绘图 • 能判断加工是否能满足设计精度要求 • 能读懂形位公差、尺寸公差、表面粗糙度公差 • 能看懂第一视角图纸	• 能看懂图纸英文信息栏要求 • 能判断图纸设计是否有错误 • 能看懂第三视角图纸	
		1-2 识读装配图	• 能读懂装配公差、配合要求 • 能了解每个零件的装配位置	• 能准确识别每个零件的装配位置	
		1-3 识读工艺图	• 能看懂工艺图纸要求	• 能判断工艺图的余量要求是否合理	

（续上表）

工作岗位	工作领域	工作任务	职业能力	
			中级	高级
数控车床操作与编程	2. 制定工艺与工艺开发	2-1 审查图纸	• 能看懂三视图 • 能识别常用材料	• 能快速看懂三视图
		2-2 制定加工工步	• 能根据图纸要求制定零件的加工步骤、流程 • 能根据零件材料选用刀具和切削参数 • 了解机床的行程、载重等相关技术参数 • 能根据零件形状选择夹具	• 熟悉机床的行程、载重等相关技术参数
		2-3 优化加工工艺	• 能根据零件的加工质量调整加工工艺、切削参数 • 能判断加工过程合理性	• 优化加工参数
	3. 选用及磨削刀具	3-1 挑选合适刀具	• 能认识车削常用刀具 • 能按工件的要求选择适合加工的刀具	• 能熟练识别车削刀具
		3-2 磨制刀具	• 能安全操作砂轮机 • 能根据刀具材料选择砂轮类型 • 能检测刀具是否合格	
		3-3 维护刀具	• 懂得刀具的正确摆放 • 懂得刀柄、夹头的正确保养 • 懂得刀具的日常维护	
	4. 编写程式及优化程序	4-1 手动编程	• 能熟练操作车床数控系统 • 能够识记程式指令代码 • 能够编写简单零件加工程序 • 会使用简单宏程序 • 能够选用常用刀具在加工不同材料、不同产品精度要求时的加工参数 • 能够判断刀具装夹长短与刚性	• 能够编写零件加工程序

（续上表）

工作岗位	工作领域	工作任务	职业能力	
			中级	高级
数控车床操作与编程	4. 编写程式及优化程序	4-2 软件编程		• 能熟练操作常用编程软件 • 能完成零件图形格式转换，包括2D、3D转换 • 能根据零件的图纸、模型编制合理程序 • 能够选用常用刀具在加工不同材料、不同产品精度要求时的加工参数 • 能正确传输加工程序 • 能够判断刀具装夹长短与刚性
	5. 操作数控车床	5-1 治工夹具的选用、工件装夹	• 能根据工艺安排正确选择治工夹具 • 能安装、使用治工夹具 • 能判定治工具、夹具是否合格	• 能看懂装配图（治工具） • 能判定治工具、夹具是否合格，并维护保养
		5-2 装夹刀具及对刀	• 会安全装夹刀具 • 会使用机内对刀 • 会使用刀具补偿	• 会使用机外对刀
		5-3 调整加工参数	• 熟悉机床加工代码、能看懂程序 • 会修改加工参数 • 会调用程式	
		5-4 加工操作	• 熟悉安全操作规程 • 会正确开、关车床 • 能正确手动输入程序 • 能正确调用加工程序 • 能加工出合格零件 • 能判断加工过程中的异常情况	• 能处理加工过程中的异常情况

（续上表）

工作岗位	工作领域	工作任务	职业能力	
			中级	高级
数控车床操作与编程	6. 检测零件	6－1检测表面质量	• 会判断工件外观不良 • 会判断工件表面粗糙度	
		6－2选择测量工具	• 会看懂图样的精度要求 • 能根据工件精度选用测量方法 • 能根据工件尺寸正确选择测量工具	
		6－3使用测量工具	• 能正确使用内径千分尺、千分表、卡尺、塞规、螺纹规等常用量具 • 能保养测量工具	• 能正确使用光学投影仪、高度仪等量具 • 能维护测量工具
	7. 保养设备	7－1设备点、定检	• 能看懂各种压力表 • 能够正确定期加注润滑油、润滑脂 • 能完成设备日常清洁	• 能够识别机床报警 • 能够识别异常响声
		7－2记录日常情况	• 会填写日常情况表 • 会填写设备工作日志	• 能准确填写日常情况表
		7－3记录、反馈异常情况	• 能描述异常情况 • 能及时反馈异常情况	• 能准确描述异常情况 • 能准确填写报警信息
电加工机床操作与编程	1. 识读图样	1－1识读零件图	• 能看懂各种零件材料的符号表达 • 能看懂图纸中文信息栏要求 • 会使用CAD绘图 • 能判断加工是否能满足设计精度要求 • 能读懂形位公差、尺寸公差、表面粗糙度公差 • 能看懂第一视角图纸	• 能看懂图纸英文信息栏要求 • 能判断图纸设计是否有错误 • 能看懂第三视角图纸

（续上表）

工作岗位	工作领域	工作任务	职业能力	
			中级	高级
电加工机床操作与编程	1. 识读图样	1-2 识读装配图	• 能读懂装配公差、配合要求 • 能了解每个零件的装配位置	• 能准确识别每个零件的装配位置
		1-3 识读工艺图	• 能看懂工艺图纸要求	• 能判断工艺图的余量要求是否合理
	2. 制定工艺与工艺开发	2-1 审查图纸	• 能看懂三视图 • 能识别常用材料	• 能快速看懂三视图
		2-2 制定加工工艺	• 能根据图纸要求制定零件的加工步骤、流程 • 能根据零件材料选用电极（丝）和切削参数 • 了解机床的行程、载重等相关技术参数 • 能根据零件形状选择夹具	• 熟悉机床的行程、载重等相关技术参数
		2-3 优化加工工艺	• 能根据零件的加工质量调整加工工艺、放电参数 • 能判断加工过程合理性	• 优化放电参数
	3. 编写程式及优化程序	3-1 手动编程	• 能熟练掌握电加工操作系统 • 能够识记程式指令代码 • 能够编写零件加工程序（3B、ISO）	• 能够编写零件加工程序（4B） • 根据工件形状、精度选择合适设备
		3-2 软件编程		• 能熟练应用 AUTOCAD、MasterCAM 中的一种软件 • 能完成零件图形格式转换 • 能根据零件的图纸编制合理程序 • 能够根据工件精度选择放电参数 • 能正确传输加工程序

（续上表）

工作岗位	工作领域	工作任务	职业能力	
			中级	高级
电加工机床操作与编程	4. 操作电加工机床	4-1治工夹具的选用、工件装夹	• 能根据工艺安排正确选择治工夹具 • 能安装、使用治工夹具 • 能判定治工具、夹具是否合格	• 能看懂装配图（治工具） • 能判定治工具、夹具是否合格，并维护保养
		4-2电极(丝)装夹	• 会安全电极（丝） • 会校正电极（丝）	
		4-3调整加工参数	• 熟悉机床加工代码、能看懂程序 • 会修改加工参数 • 会调用程式	
		4-4加工操作	• 熟悉安全操作规程 • 会正确开、关机床 • 能正确校准分中、设定工件坐标系 • 能正确手动输入程序 • 能正确调用加工程序 • 会操作打孔机床 • 能加工出合格零件 • 能判断加工过程中的异常情况	• 能处理加工过程中的异常情况
	5. 检测零件	5-1检测表面质量	• 会判断工件外观不良 • 会判断工件表面粗糙度	
		5-2选择测量工具	• 会看懂图样的精度要求 • 能根据工件精度选用测量方法 • 能根据工件尺寸正确选择测量工具	
		5-3使用测量工具	• 能正确使用内径千分尺、千分表、卡尺、塞规、螺纹规等常用量具 • 能保养测量工具	• 能正确使用光学投影仪、高度仪等量具 • 能维护测量工具

（续上表）

工作岗位	工作领域	工作任务	职业能力	
			中级	高级
电加工机床操作与编程	6. 保养设备	6-1设备点、定检	● 能看懂各种压力表 ● 能够正确定期加注润滑油、润滑脂 ● 能完成设备日常清洁	● 能够识别机床报警 ● 能够识别异常响声
		6-2记录日常情况	● 会填写日常情况表 ● 会填写设备工作日志	● 能准确填写日常情况表
		6-3记录、反馈异常情况	● 能描述异常情况 ● 能及时反馈异常情况	● 能准确描述异常情况 ● 能准确填写报警信息
数控设备安装与调试	1. 设备安装	1-1识读零件图	● 正确清点随机物品	
		1-2安装电源	● 落位的安全指引	
		1-3安装外围电气设备	● 拆除所有固定设备	
		1-4安装气压、液压元件	● 会机床水平调试	● 熟练掌握机床水平调试
	2. 软件安装	2-1安装操作系统	● 确定操作系统版本 ● 能初始化系统 ● 能正确安装操作系统 ● 会安装基本传输软件	● 能安装选项功能 ● 会安装多种传输软件

（续上表）

工作岗位	工作领域	工作任务	职业能力	
			中级	高级
数控设备安装与调试	3. 整机调试与培训	3-1调试电气、液压系统	• 确定气压、液压在工作范围之内 • 试运行机床三轴动作 • 能调试冷却系统	• 能调整 APC、ATC 动作
		3-2调试机床精度	• 能检验机床几何精度 • 能检验机床工作精度 • 能正确使用机床检验器具（平尺、直角尺、水平仪、方箱、千分表、芯棒等）	• 能熟练检验机床几何精度 • 能熟练检验机床工作精度 • 能熟练使用机床检验器具（平尺、直角尺、水平仪、方箱、千分表、芯棒等）
		3-3调试参数	• 能设定传输软件参数 • 能备份参数	• 能设定机床系统参数 • 能调试伺服参数
		3-4加工样件	• 会数控机床的基本操作与编程 • 能正确加工样件	• 懂数控机床的基本操作与编程
		3-5人员培训	• 会培训机床保养 • 会培训操作安全	• 会培训数控机床的操作

③确定工作任务。按工作的性质与要求，将每一工作领域分解成若干相对独立的单项任务。主持人在此阶段要特别注意提问方式。正确的提问方式应当是"完成哪些任务"，而不是"具备哪些能力"或"掌握哪些知识"。

④分析完成每项工作任务应具有的职业能力。要求用简洁的操作性语言表述，建议采用"能或会＋动作要求＋操作动词＋操作对象"的模式，如"能熟练操作示波器"。职业能力分析要透彻，不只是最终目标分析，要有阶段目标分析。根据需要，职业能力最好分层次，为课程设置和课程开发提供依据。

（3）最终结果确认。

课程开发小组成员对任务与职业能力分析结果根据使用频率和难易程度进行梳理，经行业技术专家论证后，得到一份完整、规范的工作任务及职业能力分析表。

附件一：

专业市场调研报告的内容说明及体例

一、××专业人才需求与专业改革调研基本思路与方法

包括调研内容、调研方式、调研范围、调研对象、调研过程等。

二、××专业人才需求调研分析

既要有数据，又要有分析。

1. ××专业发展现状与趋势

2. ××专业从业人员基本情况

表3-3 ××专业从业人员基本情况

企业名称	初级技能以下		中级工		高级工		技师以上	
	人数比例（%）	待遇（元/月）	人数比例（%）	待遇（元/月）	人数比例（%）	待遇（元/月）	人数比例（%）	待遇（元/月）

3. ××专业对应的职业岗位分析

××专业对应的职业岗位及岗位群分析。

表3-4 ××专业对应的职业岗位分析

主要职业岗位	年龄分布（比例%）			学历分布（比例%）			
	<30岁	<40岁	<50岁	初中	高中	技校	本科

4. ××专业对应的职业资格证书分析

　　××专业社会通用的职业资格证书，社会认可度高、对学生就业帮助大的证书，这些职业资格证书和职业岗位之间的对应关系。

5. ××专业人才招聘渠道分析

××专业所对应的岗位目前主要招聘渠道能否满足需要，其中技校学生所占比例如下表（所列岗位仅供参考）。

表3-5 ××专业对应的岗位中技校学生占比

岗位	在岗总人数	技校毕业生	比重（%）
中高级行政或技术管理人员			
基层行政或技术管理人员			
技术或业务人员			
市场营销人员			
一般操作或服务人员			

三、工作任务及职业能力分析

任务领域如何划分，企业对岗位职业能力的要求。

四、××专业教学改革建议

1. ××专业教学现状分析

2. ××专业教学改革建议

（1）××专业培养目标、岗位与专业方向调整建议。

根据以上调查结果，明确本专业毕业生主要从业企业类型及工作岗位，确定专业培养目标和专业方向。

（2）××专业课程设置的原则建议。

包括对课程模式、课程结构以及具体课程设置提出建议。

（3）××专业学制改革可行性建议。

（4）××专业教学改革建议。

（5）××专业师资与实训条件配置建议。

3. 主要对教师的能力要求、职业资格和实训场地、设备提出改进建议

（1）工作领域。

它是指一组工作任务的组合。根据不同专业特点，建议以产品、工作对象、操作程序、系统结构、岗位职责等为主线划分。某职业由多少任务领域组成要视具体职业而定，通常是6~12个。

（2）工作任务。

每个工作任务必须有明确的起点和终点，由两个或多个步骤构成，可以观察和测量，并且要能产生产品、服务和决策之类的成果，必须能在短期内独立完成。工作任务的表述要求采取"动词＋对象"的格式，如：操作××、采集××、调整××、安装××、阅读××、计划××、排除××、组织××、管理××等。工作任务的表述必须明确，能体现行业的职责或实际要做的事情。

（3）职业能力。

职业能力包括完成该项任务的最终目标及阶段目标。建议的表达格式：

最终目标：能制作（生产）……

阶段目标：能够识记××；能（会）操作（使用）××；能（会）分析××；能（会）判断××等。

附件二：

案例　市场营销专业市场调研报告

一、市场营销专业人才需求与专业改革调研基本思路与方法

人才需求与专业改革调研是专业教学标准开发的一项基础性工作。本次调研紧紧依靠行业、企业，其内容包括相应行业的人才结构现状、专业发展趋势、人才需求状况，岗位对知识能力的要求、相应的职业资格和学生就业去向等。调研要从宏观上把握行业、企业的人才需求与职业学校的培养现状，在此基础上确定专业教学改革思路、培养目标及专门化方向等。

（一）指导思想

以邓小平理论和"三个代表"重要思想为指导，全面贯彻科学发展观，认真落实《国务院关于大力推进职业教育改革与发展的决定》及《国务院关于大力发展职业教育的决定》等职教文件精神，深入研究21世纪深圳经济、社会和科技发展对高等职业教育市场营销专业人才的素质要求，深化教育教学改革，努力推进教育观念的更新和转变，以任务为引领，以就业为导向，以学生必需的文化知识与专业知识为基础，以培养学生的创新精神和实践能力为重点，遵循职业教育规律，突出职业教育特色，着力解决目前深圳市高等职业教育市场营销专业人才培养中存在的问题，提高其办学的针对性、实用性和灵活性，增强学生就业竞争力和职业变换的适应力，使学生学会认知、学会学习、学会生存、学会发展，更好地为社会服务。

（二）调研方式

本次调研工作面向深圳各企业、院校，采用了下列三种方式：

1．问卷调查

调研期间共重点调查了 11 家合作企业，采用问卷调查的方式，主要调查企业的人才结构、人才渠道、薪资水平、岗位设置、行业发展及专业职业能力要求等。调查的对象主要是上市公司、外资企业、大中型国有企业以及具有一定影响力的民营企业。

2．走访调查

调研工作中，走访了部分中小企业、省内及周边地区的人才交流中心和人才交流会，了解与掌握了高职市场营销专业人才需求的有关情况。

3．文案调查

主要查阅了有关省、市的人才需求榜，部分网站提供的人才招聘信息，有关媒体报道的市场营销专业人才需求状况等，从一定程度上反映出高职市场营销专业的人才需求状况。

（三）调研过程

1．先期企业调研

2．专家研讨会

3．形成职能能力分析表及职业素养调研表

4．企业专家调研反馈

5．专业市场调研报告

二、市场营销专业人才需求调研分析

随着企业的发展，尤其是构建企业的销售网络的不断发展壮大，使企业对营销人才的需求量不断增长。根据人事部发布的《2007 年四季度全国部分人才市场供求情况及分析》报告，目前全国招聘需求排在第一位的为市场营销人员。据公共招聘网等人才网站的统计数据显示，2008 年第一季度，企业对销售岗位的需求最大，占总需求的 18% 以上。阿里巴巴网络公司宣布启动 2008 年全国大规模招聘计划，计划招聘销售人才 2 000 余名，占计划招聘总人数的近 70%。许多商品流通企业不断增加连锁店或分公司，其营销人才的需求也大幅增长。如苏宁电器全国大扩张，其营销人才需求年度增长 47.5%。调查资料显示的工业企业与流通企业预计未来 3 年内的营销人才市场需求量增幅将以每年 20% 的增幅持续增长。（资料来源：中国营销人才网 http：//

www. chinarc. org）

（一）市场营销行业发展现状与趋势

1. 行业发展

目前，我国已经拥有总数超过 6 000 万人的营销队伍，其成为影响中国市场乃至社会经济发展的重要力量和参与国际市场竞争的一支生力军。但是，营销人员素质偏低，营销人才特别是中高级营销管理人才短缺的现象较为严重。

经过近 30 年的发展，深圳经济已取得了巨大的成绩。目前深圳共有各类企业约 40 万家，无论是提供产品还是提供服务，都需要一大批精干的营销人才，即便每家企业只需 1 名营销人员，也至少需 40 万名营销人员（静态分析）。深圳的四大支柱产业——高新技术产业、物流业、金融业和文化产业的发展都与营销有密切关系。高新技术产业发展迅速，其新产品需营销人员推荐给客户。以快速发展的深圳物流业为例，3 000 多家物流企业的物流营销人员存在大幅缺口，"求"远远大于"供"；金融业的全面开发，使金融企业全面走向市场，金融营销成为获胜的关键；文化产业成为发展的新亮点，创意设计、影视动漫、文化产品都需要文化营销人员参与，但对文化营销人员的培训还是空白点。此外，汽车、房地产、零售及速消品行业都处于快速发展期，将全面拉升对营销人才的需求。

2. 未来人才需求

市场营销专业不受行业限制，各行各业都需要营销人才，市场营销专业人才（市场经理、销售经理、销售代表等）的招聘需求量持续蝉联各地人才招聘需求榜首位，专家分析：随着市场经济的发展，绝大部分产品由卖方市场转为买方市场，竞争日益加剧、产品差异性缩小，没有强有力的营销攻势，厂家、商家就很难在激烈的竞争中取胜，因此市场营销人才格外走俏。随着社会经济的迅猛发展，市场营销专业人才的就业前景将非常广阔。

从调查中我们了解到，在需求数量方面，珠三角地区营销人才的需求总量已经超过了 150 万名，占总需求的近 20%。根据深圳市人才大市场的初步统计，深圳 2007 年的人才需求量超过了 300 万，按此比例计算，其每年的营销人才需求量将在 60 万人以上，且这一态势伴随地区经济发展仍在进一步增长。

从需求层次上看，企业在招聘营销人才时更趋理性，企业对只有理论知识、缺乏专业技能且对自身期望值过高的本科生不太看好，倾向选择大专、职校、技校毕业生。原因在于这些学生不仅掌握了基本的管理知识，更在于其在校接受的技能训练大大缩短了其上岗适应期；另外，工作稳定性强、对自身期望值更加理性也是这类学生受欢迎的主要因素。这恰恰与我们培养"德技双馨"的技能型人才的培养目标相符。

（二）市场营销行业从业人员基本情况

表3-6 企业从业人员基本情况

企业名称	初级技能以下		中级工		高级工		技师以上	
	人数比例（%）	待遇（元/月）	人数比例（%）	待遇（元/月）	人数比例（%）	待遇（元/月）	人数比例（%）	待遇（元/月）
养生源（深圳）	80	1 500 ~ 2 500	10	2 500 ~ 3 500	5	3 500 ~ 4 500	5	>5 000
海王健康科技公司	56.2	2 508	27	3 646	11.4	4 756	5.5	6 592
哈利·比蒂（童装）	80	1 500 ~ 2 500	10	2 500 ~ 3 500	5	3 500 ~ 4 500	5	>5 000
东亚银行	10	2 500	35	4 000	30	6 000	15	8 000
深圳市鹏峰汽车销售服务有限公司	10	1 300	25	2 300	45	3 500	10	4 500
深圳市深意汽车销售服务有限公司	20	1 500	30	2 200	40	3 000	10	4 000
蓝色心情	20	1 000	40	1 500	20	2 200	20	3 500

从表3-6我们不难看出，企业对技能人才的需求比例还是相当大的，其中中技的比例在30%左右，高技的比例在20%左右，特别是商品流通企业（蓝色心情）、汽车销售企业、金融企业对技能人才的需求比例普遍超过50%（含中技和高技）。

（三）市场营销专业对应的职业岗位分析

全国统计分析显示（见表3-7，资料来源：中国营销人才网 http：//www. chinarc. org），市场营销专业面向的行业众多，毕业生的去向复杂多样，工业企业、商品流通企业、饮食服务业、信息产业及金融业等都需要众多的营销人才，工业企业与商品流通企业的需求所占比重最大，分别占31%和33%，金融业（含保险与证券业）和信息产业这两个行业在全国所占人才比例虽不大，但在经济相对发达的深圳地区，其人才需求比例正不断升高，并保持旺盛的发展趋势。因此，拓宽营销专业学生的实用知识面，关注多行业对营销人才的需求，是营销人才培养的客观要求。

表 3 - 7　高职市场营销专业人才去向

人才去向	比例（％）
商品流通企业	34
工业企业	30
饮食服务企业	11
信息产业	10
金融业	9
其他行业	6
合计	100

调查显示，市场营销专业人才的目标岗位分布很广，从事市场营销工作人员的年龄普遍在 40 岁以下，构成了很明显的目标岗位群，其中推销员、业务员或营销员是最主要的岗位。统计资料来自上市公司和大中型企业，得出的岗位（群）分布资料如表 3 - 8 所示。

表 3 - 8　营销专业对应的职业岗位分析

主要职业岗位	年龄分布（比例％）			学历分布（比例％）			
	<30 岁	<40 岁	<50 岁	初中	高中（中技）	大专（高技）	本科
导购员	100	0	0	0	90	10	0
柜长	80	20	0	0	90	10	0
营销员	70	30	0	0	32	50	18
销售主管	71	29	0	0	5.5	35.9	58.6
销售经理	72	28	0	0	0	41	59
市场策划员	54	39	7	0	0	13	87
广告设计员	76	24	0	0	0	23	77

表 3 - 8 针对企业营销岗位的调查数据表明，柜长、销售员等基层管理岗位的学历要求在中技层次，销售主管、销售经理的岗位要求大专以上学历，高技人员占有相当的比例，市场策划及广告设计岗位的高技毕业人员占有一定的比例。分析说明，柜长、销售员、销售主管、销售经理、市场策划及广告设计岗位应是本专业人才培养的主要方向。

可见，高职市场营销专业人才的目标岗位，大多集中于营销员、销售主管岗位，营销策划、物流管理、销售主管、部门经理、公关等岗位也有一定的分布。所以，针对市场营销专业人才的目标岗位（群）调整与整合专业教学内容，努力实现学以致用成为教学改革的重要一环。

（四）市场营销专业对应的职业资格证书分析

本专业学生的培养必须辅之以"双证书制度"，学生不仅要取得学历证书，还必须获取从事专业工作所需的职业资格证书（"助理营销师资格证书""推销员资格证书""助理电子商务师证书"等），并提倡"多证书制度"（"办公自动化证书""普通话证书""计算机应用能力等级证书""外语等级证书"等），以满足技术应用能力培养和职业准入资格的要求。

目前，中国商业技师协会、职业教育专业委员、劳动和社会保障部等均开展了职业培训和资格认证。考虑学校教学情况及社会认可度，我们选择了劳动和社会保障部中国就业培训技术指导中心推行的《营销师国家职业标准》及《电子商务师国家职业标准》，其中《营销师国家职业标准》将营销师定义为从事市场调研、市场分析、营销策划、市场开拓、直接销售、客户管理等营销活动的人员，共设五个等级，分别为营销员（国家职业资格五级）、高级营销员（国家职业资格四级）、助理营销师（国家职业资格三级）、营销师（国家职业资格二级）、高级营销师（国家职业资格一级）。本专业学生需通过高级营销员和助理营销师的资格认证。目前中级工的考证一次性通过率为88%，高级工的考证一次性通过率为92%；《电子商务师国家职业标准》共设四个等级，分别为电子商务员、助理电子商务师、电子商务师及高级电子商务师。本专业学生需通过电子商务员及助理电子商务师资格认证。

以下所列是市场营销专业通用的职业资格证书，这些职业资格证书社会认可度高、对学生就业帮助大，与职业岗位之间的对应关系密切，具体情况如表 3-9 所示：

表 3-9 市场营销专业职业资格证书

序号	职业资格名称	社会认可度分析	就业效果分析	就业岗位对应关系	备注
1	高级营销员	高	好	密切	中级工必考
2	助理营销师	高	好	密切	高级工必考
3	办公软件应用	一般	好	密切	选考
4	外销员	一般	好	密切	选考
5	电子商务员	一般	好	较密切	选考
6	助理电子商务师	一般	好	较密切	选考

（五）市场营销专业人才招聘渠道分析

企业所需的众多营销人才从哪里来？其途径也有很多，诸如企业内部其他岗位选调、社会招聘，但最主要的方式是通过到高校挑选或在人才交流会上的"双向选择"。调查发现，企业特别倾向于选拔高职高专院校（含大专）的毕业生，原因是本科生的用人成本高，且普遍存在"跳槽"现象；中职生（含高中、中专）独当一面能力相对较差；高职高专学生的就业预期相对较低，稳定性较好，且多能尽快担当重任，但用人单位多数希望营销人才有一定的工作经验，这是对高职院校提出的一个挑战。企业具体的营销人才来源及技校学生岗位比例如表3－10、表3－11所示。针对这一态势，强化高职市场营销专业的实践教学，大力推进校企合作的办学模式，尽量缩短高职营销专业学生的工作适应期成为教学改革的重要任务。

表3－10 企业营销人员的招聘渠道

招聘渠道	人才比例（%）
本科高校	13
高职高专（含大专）	46
中职学校（含高中、中专）	23
社会招聘	10
其他	8
合计	100

表3－11 技校学生岗位比例

岗位	在岗总人数	技校毕业生	比重（%）
中高级行政或技术管理人员	54	22	41
基层行政或技术管理人员	128	46	35.9
市场营销人员	267	133	49.8

三、市场营销专业工作任务及职业能力分析

为了完成工作任务与职业能力分析，本专业于2008年4月12日召开"工作任务分析研讨会"，会议由徐国庆博士主持，采取头脑风暴法，受邀企业专家主要为各行业企业中市场营销专业对应岗位的专业骨干和一线人员，

包括来自 13 个企业的销售主管、销售代表、店长、市场部经理等，其均具有丰富的一线工作经历和实践经验。会议历时一天半，与会人员进行了充分的研讨和交流，圆满完成了工作任务和职业能力分析。本次工作任务分析是对本专业所对应的职业或职业群中需要完成的任务进行分解的过程，目的在于掌握本专业对应岗位具体的工作内容，以及完成该任务需要的职业能力；同时要求把本专业所涉及的职业活动（包括专业方向）分解成若干相对独立的工作项目，再对工作项目进行分析，获得每个工作项目的具体工作任务，并对完成任务应掌握的职业能力作出较为详细的描述。要对工作项目、工作任务、职业能力按逻辑关系进行排序。

会后本专业课程开发小组成员对任务与职业能力分析结果进行分析整理，经行业专家论证后，得到了完整、规范的工作任务及职业能力分析表（见表 3–12）及专业职业素养。

表 3–12　市场营销专业工作任务与职业能力分析

任务领域	工作任务	职业能力	
		中级	高级
1.销售产品熟悉	1–1 产品基本功能特征等信息了解	• 能简单了解销售产品的原理、基本操作使用方法、材质和特性	
	1–2 产品个性化信息了解	• 能了解销售产品的外观、功能、使用、维护、成本等方面的特殊特性	
	1–3 产品潜在失效模式了解		• 能了解销售产品在发运、存储、客户使用、维护保养过程中可能出现的失效模式
	1–4 产品销售的潜在风险了解		• 能了解所销售产品对应的目标市场及目标客户的人文、法律、商业背景 • 能运用所学法律、商务知识判断、识别目标市场、目标客户的潜在商务风险

（续上表）

任务领域	工作任务	职业能力	
		中级	高级
2.市场调研	2－1 了解市场信息	• 了解竞争产品的特点、价格、销售渠道分布及其促销策略	
	2－2 制订调查计划	• 能够制订调查活动计划	
	2－3 制定问卷表格	• 会制定调查问卷表	
	2－4 实施调查	• 会用常用调查法调查 • 掌握调查程序，会用常用方法搜集统计现有市场的各项数据指标（现有市场的销售额及占有率、消费群及消费习惯、消费时间、消费者的重复购买频率）	
	2－5 整理所获信息	• 熟练使用各种办公软件 • 具备相关统计知识，能制作统计报表	
	2－6 输出收集资料	• 会用各种图表进行分析 • 能监控竞争对手在产品、价格、渠道、推广等方面的变化	• 能分析各种因素变化对市场的影响及业务变动的原因 • 能撰写情况通报或分析报告
	2－7 进行市场预测	• 会使用直、间接测量表	• 能预测一个时期内的 GDP 变化及消费者的收入增长变化 • 能预测消费流行趋势变化
	2－8 撰写调查报告		• 会撰写规范的调查报告

（续上表）

任务领域	工作任务	职业能力	
		中级	高级
3.销售计划制订	3-1分析现状	• 能够通过市场调研获取市场信息 • 能熟练使用企业内部的信息系统，获取和分析企业产品、人员和销售数据	
	3-2确定销售目标		• 能分析优势与劣势、威胁与机遇 • 能对影响销售的内外部因素提出假设并确定目标
	3-3制订销售战术方案		• 能从产品、价格、促销和分销等多方面做出具体的实现销售目标的方法
	3-4编制预算		• 能在经济层面上对计划进行衡量
	3-5编写营销文案		• 能熟练运用常用办公软件及编写计划书 • 能根据工作需要撰写商务信函、合同书、招投标书、市场调查报告、产品说明书、商务广告 • 能与企业内部的相关部门、分支机构进行有效沟通，遇到分歧能找到解决途径 掌握营销渠道设计程序，能进行渠道设计 • 能了解计划完成部门的工作内容、问题、资源状况
	3-6实施	• 能掌握企业下达计划及检查的流程 • 能执行营销方案 • 能有效进行人际沟通、化解冲突 • 能对成果提出反馈意见	

（续上表）

任务领域	工作任务	职业能力	
		中级	高级
3. 销售计划制订	3-7 检查与控制	• 能进行销售、盈利以及内外部各因素的分析 • 能对比计划执行的实际结果，找出优势与劣势所在	
	3-8 审视和修正		• 能定期根据变化的环境、条件进行审视和修正
	3-9 评估		• 能进行计划实施前、中、后评估
4. 市场推销	4-1 拓展客户	• 能通过电话、网络等直接接触方式判断、识别潜在目标客户群 • 能对潜在客户进行目标细分 • 会建立客户关系档案 • 正确登记并管理客户资料 • 掌握培养忠诚客户方法	
	4-2 建立销售渠道	• 能灵活、机动迅速适应环境	• 熟悉建立有关销售渠道的方法 • 掌握相关产品的主要渠道模式
	4-3 选择推销方法	• 掌握业内普遍运用的推销方法 • 能清楚认识现有行业推销方法的优劣 • 能掌握不同类型产品的销售方法	
	4-4 推销产品	• 能以积极主动的心态面对销售过程 • 具备一定的成功推销类似产品的经历 • 能迅速拉近与客户的心理距离，对消费者购买决策进行分析 • 能进行精彩的产品示范 • 能独立与客户进行谈判，设计针对性销售方案	• 具备一定的经受挫折的经历和体会 • 能把握顾客的兴趣点，设计阶段性引导方案 • 能正确完成合同的签订和填写

（续上表）

任务领域	工作任务	职业能力	
		中级	高级
4.市场推销	4－4 推销产品	• 能正确处理客户提出的各种异议 • 能捕捉客户购买信号，达成交易	
	4－5 货款回收	• 掌握客户付款程序 • 能掌握企业的财务政策和信用政策 • 掌握面对不同类型的客户，回收货款的基本方法 • 能理解并积极配合财务工作	
	4－6 反馈信息	• 能在推销产品的同时收集有关客户对产品的意见 • 能对有关产品、现有客户、竞争对手（竞争产品）信息进行系统整理与汇总 • 能填写销售统计报表	
5.销售谈判	5－1 制订谈判计划	• 能制订销售谈判计划	
	5－2 预设标的	• 能根据产品基本价格，制定标的 • 能了解同行产品的市场定价	
	5－3 谈判对象分析	• 能了解客户信息 • 能确定客户需求迫切程度 • 能敏锐洞察对方底线	
	5－4 谈判事项准备	• 能与客户商定时间、地点 • 能准备谈判材料	

（续上表）

任务领域	工作任务	职业能力	
		中级	高级
5.销售谈判	5－5 合同条件谈判	• 熟悉谈判技巧和礼仪 • 能通晓各类支付方式及其风险 • 能够做到知己知彼，有理有节，实现公司利益最大化 • 能说服对方接受对我方有利的价格条件 • 了解合同及相关法律、法规	
	5－6 签订合同	• 能够准确填写格式化合同	
	5－7 合同管理		• 能进行合同有效期管理 • 能依据规定对合同条款进行变更和补充
6.价格控制	6－1 执行价格政策	• 具备相关财务知识，能了解成本信息 • 制作价格情况表，通报价格信息	
	6－2 提出价格建议		• 了解经济模型，熟悉原材料采购价格 • 提供价格调整建议
	6－3 监控渠道价格		• 指导渠道成员业务执行价格政策 • 能对同行业及产品特性进行价格调整预测
	6－4 区域价格控制		• 掌握渠道成员业务流程 • 检查渠道成员价格执行情况 • 处理违规成员

（续上表）

任务领域	工作任务	职业能力	
		中级	高级
7. 广告促销策划及实施	7-1 促销政策	• 了解促销政策的周期、产品、定价、渠道、具体促销内容等	• 确定促销的实施流程 • 选择促销主要方法 • 能起草促销计划方案
	7-2 广告策划	• 能了解广告表现形式的区别与优势	• 能根据主推产品特点确定广告主题 • 能确定受众、诉求点和需要，制定和传递广告信息
	7-3 媒体选择	• 了解不同媒体渠道的区别与特点	• 能进行多渠道对比并甄选优质媒体 • 能设计不同媒体的传播组合 • 能与媒体保持良好的公共关系
	7-4 促销方案设计		• 能推荐促销模式、会组合促销方式 • 能进行公关策划 • 能设计企业公众交流、新闻发布、庆典、赞助方案
	7-5 执行促销方案	• 能规范执行促销方案	• 能及时跟进促销产品的流向 • 能监督促销广告及终端活动实施 • 能预警公关危机前兆
	7-6 总结促销效果		• 能分析总结促销前后销量对比、市场占有率对比、广告投放效果对比、品牌知名度/美誉度对比、促销成功与不足等 • 能撰写促销总结报告

（续上表）

任务领域	工作任务	职业能力	
		中级	高级
8.营销渠道经营	8-1 客户关系管理	• 会建立并管理客户档案 • 掌握售前、售中及售后服务方法	
	8-2 选择经销商		• 掌握 SWOT 方法，认识营销环境 • 会观察零售渠道变化情况 • 掌握代理商的选择方法 • 掌握批发或零售商的选择方法 • 掌握加盟商的选择方法
	8-3 管理经销商销售		• 掌握营销渠道设计程序 • 能进行渠道设计 • 能帮助经销商提高销售业绩
	8-4 处理经销商冲突		• 能辨别窜货的类型 • 能提供窜货的解决办法
	8-5 制定激励政策		• 会制定调动经销商积极性的对策 • 会设计经销商培训方案
	8-6 评估经销商业绩		• 能制定评估经销商业绩的标准和程序 • 掌握评估经销商业绩的方法
9.营销企划	9-1 营销战略、战术设计		• 掌握营销策划的程序和方法 • 能设计区域营销开发计划 • 能撰写实施性营销计划书
	9-2 目标市场定位		• 会寻找产品市场机会 • 会进行市场细分 • 能发现目标市场 • 会提出市场定位建议
	9-3 品牌营销设计		• 能制定品牌建设策略 • 能制定品牌发展策略
	9-4 销售团队管理		• 会设计营销团队建立方案 • 会管理营销团队

四、市场营销专业教学改革建议

（一）市场营销专业教学现状分析

国际商务系市场营销专业创建于 2004 年。经过 3 年的发展，目前该专业有五年制高技学生 115 人，共三个班。首批毕业生 04 级营销班于 2009 年 7 月毕业。

1. 课程设置

专业目前主要设置了包括"市场调查""促销实务""公关策划与实施""人员推销""消费者行为引导""客户关系管理""销售渠道管理""营销策划实务""店铺运作""广告实务""网络营销""金融营销""汽车营销""连锁经营""电话营销"等专业主干课程，从学生能力考核及企业反馈意见来看，教学效果与企业要求能够吻合。

2. 专业考证情况

本专业选择了劳动和社会保障部中国就业培训技术指导中心推行的《营销师国家职业标准》及《电子商务师国家职业标准》，专业学生需通过高级营销员和助理营销师的资格认证。目前中级一次性通过率为 88%，高级一次性通过率为 92%，该证书为企业广泛认可。《电子商务师国家职业标准》尚处于试运行阶段。

3. 专业师资情况

营销专业教研室有专业技师 8 人，其中高级技师 6 人、高级讲师 2 人、讲师 5 人；博士 1 人、硕士 3 人。教师的平均教学经验 8 年，平均企业工作经验 9 年，有相当一部分教师有国内外高级管理工作经历或具有海外留学背景，具备丰富的营销实战和教学经验，符合现代高等职业教育对双师型教师的要求；此外，又聘请多名企业、行业知名人士担任兼职教师及客座教授。

4. 实训设施情况

共建立了 3 个校内营销实训室，包括深圳高级技工学校学生实习商场、"养生源"促销实训中心及新能电力电话与网络营销实训室。但场地及设备配置不足，学生只能轮流实训。

此外，本专业还配备了一些软件设备，包括市场营销教学模拟平台、客户关系教学模拟软件、电话营销软件、网络营销软件、会展营销软件，利用上述实训资源，结合专业课程，全面培养学生的营销能力。

目前的课程设置、教学方法、师资队伍及实训设施只能基本满足教学需求，从发展及未来需求来看，还存在较大缺口。

5. 现存主要问题

市场营销专业经过近五年的专业建设和教学探索,目前已招收四届学生,并初步形成了一套完整的专业教学体系。虽还没有毕业生,但通过学生的下企业实习、学生和企业员工同台竞技的技能大赛及教学实践反馈,本专业的专业设置基本符合经济发展和市场需求。但在教学实践及校企合作的过程中也发现了一些问题:课程结构仍有"宽基础、薄模块"的痕迹,知识类比例较大,而技能性略显不足,学科课程仍然占一定比例;课程体系逻辑性不强,因专业开设时间不长,未形成自有的教材体系,导致部分教材及课程内容间存在交叉重叠的现象;课程与岗位结合度不强,未建立按任务领域、以工作任务引领开设项目课程的模式,岗位能力不突出,因此学生的知识、技能和能力与用人单位的需要之间还存在一定的差距;一些课程的教学内容已落后于社会经济、当前科技和职业实际需要的发展,有待更新;校企合作需要更加深入,合作不能仅停留在毕业、实习方面;师资力量偏少,还不能满足教学教改工作的需要;教师主要精力放在教学及教学管理方面,教研教改力度不足,有待加强和规范;校内教学设施、实训设备受场地限制,学生的人均资源占有率不能满足项目课程改革的需求等。

(二) 市场营销专业教学改革建议

1. 市场营销专业培养目标、岗位与专业方向调整建议

根据调查结果分析,本专业对高职市场营销专业人才的培养目标,必须立足于培养适应市场需求的高等技术应用型专门人才。

调查显示,近几年适合高职市场营销专业学生的岗位,主要集中在汽车、网络、金融、医药、零售、房地产等行业的营销员、推销员、策划员等岗位。所以,我们建议以学生为本,以就业为导向调整本专业的培养方向和培养目标,将培养的方向设置为汽车、金融、医药三个专门化方向,将培养目标定为培养面向外贸企业、三资企业、中外金融保险机构、医药保健企业、连锁零售企业、汽车销售企业等企事业单位从事市场调研、营销策划、产品推销、销售管理、公关宣传、广告创意、促销、商务咨询等岗位工作的高级应用型技能人才。

2. 市场营销专业课程设置原则建议

市场营销专业教学改革的中心应以学生的实践教学为主线,突出学生的职业能力培养;以学生为主体,注重对学生专业知识综合应用能力的培养,在"理论够用"的前提下,切实提高学生专业实际动手能力和综合实际应用能力。为此,需要进一步明确人才培养目标,对专业人才的培养有一个合适的定位,强调培养人才的动手能力、综合能力和创业能力。

（1）以实践为主导、灵活多样的教学组织形式。由于改革的目标是以就业为导向，产学结合，因此，在教学组织上应以此为指导思想，实施实践主导型教学，以自主创业中各项知识及技能的要求为主线进行教学与实践，并从中突出市场调研、营销策划、产品推销、销售管理等核心能力的训练。

（2）高级工模块后期具体的教学过程及课程设置。在高级工模块培养的最后一年，进行订单式培养。结合本次市场调研，将专业分为零售经营、金融营销及汽车营销三个方向，教学流程设置如下：

- 高级工模块按照拟定的订单行业备选模块由学生自主选择1~2个订单行业模块，进入不同行业；并组成4~5个团队，每个团队20~25人，由1~2位专业教师重点指导。这种组织形式可与学院实施的导师制挂钩。

- 成立分属不同行业的模拟公司，确立模拟公司各职能部门，招聘公司部门经理及各部门员工，结合岗位需要进行公关礼仪项目的训练。

- 组织学生进行公司注册申请程序的学习，同时开展网络检索资料及经济法等相关理论的实践训练。

- 学生在前面几步实践主导教学的基础上，进行专业核心理论与技能的实际训练，以实践为主，进行市场调研、撰写市场调研报告等应用文写作、统计分析等技能训练；组织学生进行营销创意、策划技能训练，学会营销策划书的制作；组织学生根据自己制作的营销策划书实施产品推销，期间将应用与推销活动有关的"消费者行为引导""商品推销""商务谈判""网络营销"等项目及课程知识，并掌握订立合同的程序。

- 利用销售管理软件及实习公司的实训平台，进行模拟或真实企业的销售管理实践，并将"销售渠道管理""客户关系管理"等项目及课程进行综合运用。

- 以上各项目实施用1学年的时间完成，同时学生还应按照总学分的要求，完成选修课程、项目的学习和实践及职业资格考证。0.5学年时间进行为就业而准备的专业实习、订单式培养；而另外0.5学年时间完成学生毕业实习、自主创业、公司项目经营及毕业设计等。

3. 市场营销专业学制改革可行性建议

目前市场营销专业采用五年学制，建议将其缩短为四年。从目前的教学结构来讲，理论教学和实践教学并举，但许多职业技能是无法在实验场所模拟操作的，学生必须广泛接触社会，才能提升自己的职业能力。在保证教学质量的前提下，建议将学校教学的学制进一步缩短，使学生早日走向社会。

4. 市场营销专业教学改革建议

(1) 增设项目课程，整合教学内容，突出能力本位。解决高职市场营销专业要求的宽知识面与现行教学方式的矛盾，必须贯彻"必需、够用、实用"的原则，突破学科体系的禁锢，按"模块化"方式整合教学内容，突出模块知识和能力与学生的应用岗位（营销员、推销员、销售主管、营销策划员及部门经理等）的对接性，使学生学以致用，增强实战性。如市场调查这一任务领域，按职业能力分析结果，确定为针对市场调研人员、销售统计人员等岗位，设计有调查计划制订、问卷设计及调查、资料整理输出等教学项目，培养学生根据市场调查程序灵活运用常用的调查方法，进行市场预测、设计市场调查表格、撰写规范的市场调查报告的职业能力。将原有的应用统计、市场调查及市场预测按"模块化"方式整合为"市场调查"课程。

专业课程项目化，将有助于实现能力本位这一教学目标，也是课改的主要方向。

(2) 选修课程设置。建议增加专业选修课程的比例，扩大学生视野，加大学生自主选择培养目标的机会，如房地产营销、国际商务礼仪、现代推销艺术、商务生涯规划等方面课程。

(3) 积极探索教学方式的改革。教学方式改革，既是现代教学技术发展的客观要求，又是提高教学效果的有力保障。针对高职市场营销专业的教学特点，结合未来本专业实行以工作过程导向项目课程为主干的专业教学体系；教学过程中，一方面应积极推行案例教学法、启发式教学法、探究式教学法、情境教学法、互动教学法，增强学生的感性认识和动手能力；另一方面，加大课改力度，尽快开发项目课程，加强对学生岗位职业能力的培养。

目前，已开始的专业项目课程改革中，将包括"市场调查""商品推销""网络营销"等在内的专业课程着手开发为项目课程。

(4) 强化实践教学与校企合作。实践教学是高等职业教育的关键环节，也是本专业教学质量的保证条件之一。必须建立课内实训、阶段实训、毕业实习等为主要形式的完善的实践教学体系，加强专业实训室和校外实习基地建设。校企合作是高职人才培养的基本途径，要建立产学合作的人才培养机制，保证学生所学内容与市场接轨，体现应用性。"请进来"，请企业专家量体裁衣，从教学计划、教材选定、教学方法选择及教学要求制定开始，共同打造学校的优秀毕业生、企业的优秀技能人才；"走出去"，深入社会、企业当中，看需求、看要求、送技术、送人才，实现深度合作、校企双赢。

(5) 实施"双证书"制度。"双证书制度"是高等职业教育的必然趋势。本专业学生的培养必须辅之以"双证书制度"，学生不仅要取得学历证书，还必须获取从事专业工作所需的职业资格证书（"高级营销员资格证书""助理营销师证书"等）和基本素质证书（"普通话证书""计算机应用能力等级证书""外语等级证书"等），以满足技术应用能力培养和职业准入资格的要求。

5. 市场营销专业师资与实训条件配置建议

（1）强化师资队伍建设。加快师资队伍知识更新，适应现代教学要求。21世纪知识更新的速度将越来越快，职业变动的频率将越来越高，要培养高素质的职业者，教师队伍的知识更新是关键。

继续开展"双师型"师资队伍建设，对"双师型"教师应更加严格，除具备职业资格证书、教师资格证书，还要具备相关企业的工作经验及教学水平。提高现有教师技术应用能力和实践能力，充分发挥学校实训场地作用，一要采取"走出去"的办法，安排教师到企业进行短期实践进修，或到企业参加科研课题；二要采取"请进来"的办法，聘请部分企事业单位的技术骨干担任兼职教师，或者引进具有丰富实践经验的专家担任专业教师。

加快"双语型"师资队伍建设。大量的外贸营销人才需求，迫切需要高职毕业生具备一定的双语能力。因此，只有提高教师的专业英语水平，才能更好地适应本专业的教学要求。

（2）加大校内外实训基地的打造力度。目前市场营销专业的校内实习基地，因受场地等因素的限制，尚存在规模小、设施不完善等情况。建议加大专业实训场地，设置连锁零售实训中心、汽车营销实训中心、商务策划中心、产品促销实训中心、金融营销实训中心、电话与网络营销实训中心。

校外已建的实训基地能初步满足教师及学生的教研、实习及实训要求。但校外实训基地的层次和类型有待进一步拓宽。实施实训主导型的教学改革，除了运用校内仿真程度较高的实训场所之外，还需要借助多种层次和类型的校外实习实训基地，本专业的特点决定了许多职业技能是无法在实验场所模拟操作的，学生必须广泛接触社会，才能提升自己的职业能力，也需要全力寻找"订单"合作企业，使本专业的校外实训基地在层次上覆盖大、中、小各级企业，在类型上包括金融、保险、汽车、房地产、电子通讯、食品等众多行业，从而构筑起本专业多层次、宽类型的校外实训基地网络，为学生职业能力的培养、专业实习、毕业设计及就业准备提供良好的保障。

二、编制专业教学计划

教学计划是学校教学工作的总体设计和实施计划，是学校培养人才、组织教学、编写大纲和教材的纲领性文件和主要依据。因此，编制科学、合理、整体优化的教学计划是学校人才培养能否达到预定目标的关键。

(一) 指导思想

专业教学计划开发要以科学发展观为指导，以就业为导向，以能力为本位，以岗位需要和职业标准为依据，满足学生职业生涯发展的需求，适应社会经济发展和科技进步的需要。要着力解决目前职业教育课程体系中比较突出的问题，形成新的职业教育课程体系，根据实际工作任务、工作过程和工作情境设置课程和组织教学，建立起工作过程导向的以项目课程为主体的现代职教课程新体系。

(二) 基本原则及其要求

1. 以职业能力培养为目标，优化课程体系

技能人才的培养应把提高学生的职业能力放在突出的位置。各专业要将满足企业的岗位工作需求作为课程开发的出发点和落脚点，努力提高教育教学的针对性和适用性。要根据企业和行业用人需要，确定专业培养目标和培养规格。课程设置要以满足大多数学生的就业需求为目的，同时涵盖职业标准。

(1) 进一步明确公共课为专业目标服务、为人的发展服务的功能，突出公共课的应用性。力求体现必修与选修、统一培养与个性发展、教学要求和学习兴趣的结合，促进学生的个性发展，提高学生的综合素质和核心能力。

(2) 专业课程设置必须与任务领域相匹配。按照任务领域的逻辑关系设计课程，从岗位需求出发，尽早让学生进入工作实践，为学生提供体验完整工作过程的学习情境，逐步实现从学习者到工作者的角色转换。

2. 适应企业技术发展，体现教学内容的先进性和前瞻性

根据专业市场调研，调整课程设置和教学内容，突出本专业领域的新技术、新工艺、新材料和新设备，克服专业教学内容陈旧、片面强调学科体系完整、不适应企业发展需要的弊端。结合专业要求，在扎实掌握专业基本知识和基本技能的基础上，及时了解并掌握本领域的最新技术发展及相关技能，实现专业教学基础性与先进性的统一。

3. 加强专业技能训练，重视综合职业能力的培养

为突出技工教育的特色，增强学生的动手能力，各专业除了通过课程实训项目来培养学生的专业技能外，还应安排一定学时的认识实习、岗位实习、社会实践、毕业实习或毕业设计等教学环节，对学生进行岗位综合职业能力的训练。实践和技能训练的学时数不低于教学计划总学时的60%，校外实践教学累计时数五年制不少于一学年、三年制不少于一学期。为了使学生尽早建立起对自己所学专业和职业岗位的感性认识，教学计划中的认识实习安排在第一学年为宜。

4. 注重职业素养的训导

职业素养是人们在职业活动中需要遵守的行为规范，是一个人职业生涯成败的关键因素。职业素养包含四个方面：职业道德、职业思想（意识）、职业规范（职业行为习惯）、职业核心能力。前两项是职业人生的基础，而后两项是从事职业活动的核心。职业素养的培养除了设置必要的课程支撑外，更重要的是在专业教学中要注重职业素养的养成教育，即结合具体工作任务、工作情境，将职业素养渗透到专业教学之中，并贯穿教学的全过程。各专业要在教学计划和课程教学大纲中，将职业素养作为人才培养目标和教学内容的重要组成部分来加以明确，并组织实施。

（三）教学分析

教学分析是要把工作任务分析的结果（即"任务与职业能力分析"）转化为专业（实训）课程，形成由专业核心课程和专业方向课程组成的课程结构。

1. 教学分析原则

项目课程设置的首要参照点是任务，即先确定围绕任务设置的课程，然后再确定需要在此基础上进一步延伸，或者需要其支持条件的课程。能结合任务学习的理论知识，均要尽可能地结合任务进行学习，要尽可能地把这些知识编制到项目课程中去。

2. 教学分析方法

（1）以任务为线索，设置课程。结合专业的具体内容和任务领域，认真研究课程设置的逻辑路径，着力找到每个专业所特有的逻辑主线。如工业产品设计专业，以典型产品设计为逻辑主线设置课程。表 3 - 13 是工业产品设计专业传统课程体系与项目课程体系的比较，通过新旧课程体系的比较，可以清楚地看出其项目课程体系以典型任务为线索的课程特点。

表 3 – 13 工业产品设计专业课程体系

分层	原有课程	现有课程
中级工	艺术设计英语（一）	艺术设计英语（一）
	产品专业岗位实习（一）	产品专业岗位实习（一）
	产品专业风景写生	产品专业风景写生
	产品设计素描	产品设计素描
	产品设计色彩	产品设计色彩
	产品二维效果图（一）	平面构成设计
	画法几何	玩具设计
	产品构成基础	文具礼品设计
	立体形态设计	数码产品设计
	产品二维效果图（二）	通讯产品设计
	产品手绘表达	灯饰设计
	产品制图	
高级工	产品专业设计考察	产品专业设计考察
	产品专业岗位实习（二）	产品专业岗位实习（二）
	产品毕业设计	产品毕业设计
	产品专业综合实训	产品专业综合实训
	产品三维效果图	首饰设计
	产品模型制作	视觉识别设计
	人因工程应用	小家电设计
	视觉传达设计	IT 产品设计（一）
	PRO – E 基础建模	白家电设计
	产品结构设计	IT 产品设计（二）
	产品三维渲染	钟表设计
	产品材料与工艺	家具设计
	产品设计方法与程序	运动产品设计
	玩具文具礼品设计	安防产品设计
	首饰钟表珠宝设计	医疗产品设计
	日用家电设计	无障碍产品设计
	IT 与医疗产品设计	

（2）逐个对任务领域进行讨论，确定其课程设置。

（3）有些任务领域可能要拆分为几门课程，拆分的依据是结合具体项目之间的关联程度。

（4）有些任务领域的内容可能要融合到其他任务领域中去学习，融合的依据是教学组织的方便。要注意教学组织与工作组织的差异。

（5）项目课程的课程名称，一定要突出任务特色，课程名称要明确反映出该门课程的学习目标。建议课程名称直接采用动宾（或主谓）结构的任务领域来表述，如"汽车发动机控制系统检测与维修"。

（6）把握好课程容量，不宜过大也不宜过小。建议每门课程 54 ~ 108 学时。

（7）依据职业能力对课程进行分层。课程体系要实现完全对接。分层设置课程时，能区分课程名称的要明确区分，不能区分的暂时用"（一）""（二）"表示。

（8）可在以上课程的基础上，确定若干门面向基本理论知识和基本技能的课程。考虑的主要依据是这些知识和技能集中学习效果较好。

3. 注意事项

（1）严格依据任务领域设置课程，避免站在原有课程的角度进行教学分析。

（2）直接依据任务领域进行课程设置，不要从支持的角度考虑课程设置。

（四）课程模块的搭建

针对现有的三种不同起点、学制和培养目标的教学体制，课程模块的搭建根据"学分制、模块化、分阶段培养"的原则，首先从分阶段教学入手，将课程体系分成四大模块：

A 模块：该模块是对初中起点的学生完成初、中级工专业知识学习和专业技能训练的课程模块。该课程模块学分在 150 学分左右，其标准学制为三年。

B 模块：该模块是对高中起点的学生完成中级工专业知识学习和专业技能训练的课程模块，课程设置主要是专业基础课和专业课。该课程模块学分在 50（75）学分左右，标准学制为一年（一年半）。

C 模块：该模块是对完成 A 模块和 B 模块学习的学生进行高级工专业知识学习和专业技能训练的课程模块，其中包括公共课、专业基础课和专业课。该课程模块学分在 100（75）学分左右，其标准学制为二年（一年半）。

D 模块：该模块是对完成 C 模块学习的学生采用工学结合的方式，完成预备技师专业知识学习和专业技能训练的课程模块。原则上该课程模块学分在 75 学分左右，其标准学制为一年半。

上述各模块的学制年限可根据不同专业的实际情况加以适当调整，但需保证其总学制年限。

根据上述课程模块的内涵，针对不同起点、不同学制、不同培养目标的学生，其课程模块的搭建方式为：

（1）初中起点三年制的中级工学生，只须修读 A 模块课程。

（2）初中起点五年制的高级工学生，须修读 A＋C 模块课程。

（3）高中起点三年制的高级工学生，须修读 B＋C 模块课程。

（4）高中起点预备技师学生，须修读 B＋C＋D 模块课程。

（五）教学计划的格式

见案例。

案例　汽车维修专业教学计划

适用对象：汽车维修专业

招生对象：初中毕业生、高中毕业生或同等学力

标准学制：初中起点高级工层次四年，高中起点预备技师层次四年

鉴定考核工种及其等级：汽车维修工中级工、高级工、预备技师

一、培养目标

汽车维修专业总体培养目标是：满足汽车后市场人才需要，培养以汽车机电维修能力为基础，具有一定汽车销售、汽车维修业务接待、配件管理等岗位能力，具备良好的职业素养的汽车维修服务人才。

1. 汽车维修专业高级工层次培养目标

培养汽车维修高技能人才：掌握满足汽车后市场需要的汽车维修技能、掌握现代汽车检测与维修技术和汽车常见故障分析、诊断和排除方法；掌握汽车新技术，能够运用现代检测设备对汽车电控系统的故障进行诊断和排除；能在汽车维修企业从事汽车检测、整车维修、电控（发动机、底盘、车身）系统专项修理等检修工作，具备一定现代汽车维修企业生产管理能力。

2. 汽车维修专业预备技师层次

培养汽车维修高技能专门人才：具备良好的职业道德素质和交流沟通能力，系统、熟练掌握现代汽车维修技能和技师层次的专业理论，能利用现代化手段和工具解决维修疑难故障；能进行一般生产组织和管理；具有一定的对汽车零部件和维修设备进行技术改革的能力；具备一定的企业工作经验，能对初、中级汽车维修工人进行指导和培训；会独立撰写技术报告与论文；经过 2～5 年进一步的实践锻炼和经验积累，能够成长为一名合格的汽车维修技师。

二、专业基本要求

（一）高级工层次专业基本要求

1. 专业知识要求

（1）具备汽车维修所需要的机械基础、电工电子技术的知识。

（2）具备系统的汽车结构原理的知识。

（3）熟悉汽车维修企业各项业务流程，掌握企业生产管理的知识。

（4）熟练掌握汽车维修专业英语，运用专业资料的知识。

（5）具备汽车维修安全、法律、法规方面的知识。

（6）掌握汽车营销、保险和理赔等方面的知识。

2. 专业技能要求

（1）能正确使用汽车维修工具设备。

（2）能全面掌握汽车维修的基本操作技能，完成一般维修的工作。

（3）能协助他人或独立完成汽车故障诊断、维修作业。

（4）能够阅读、翻译汽车说明书及维修手册等外文技术资料。

（5）维修工作中能安全作业、落实环境保护规定。

（6）熟悉汽车维修企业的生产过程，能组织企业班组生产。

（7）能熟练使用常用办公软件及汽车维修企业管理系统。

3. 专业素质要求

（1）具有较强的汽车维修专业技术学习能力。

（2）具有良好的人际交流能力、强烈的服务意识、积极向上的工作态度、忠诚的团队合作精神、规范的职业行为。

（3）具有良好的职业道德，爱岗敬业。

（4）能贯彻安全生产、文明操作的行为习惯及5S管理规范。

（二）预备技师层次专业基本要求

1. 专业知识要求

要求掌握完成汽车维修技师工作所需的较全面的工作过程知识及从事在知识指导下的职业活动，知识的广度和深度相对高级工等级得到提升。同时对知识的运用能力得到加强。

（1）了解汽车维修行业的法规及标准知识。

（2）掌握汽车与汽车维修行业的环境污染及防止的知识；能对汽车零件及材料进行回收利用。

（3）能对汽车机械零件进行基本的受力分析；掌握磨损、断裂与材料特性，汽车油料的理化特性及使用检验；熟悉一些重要零部件的材料、加工及维修工艺；掌握汽车总成装配图、液压系统图识读知识。

（4）了解单片机与接口技术基本知识，汽车常见集成电路元器件的功能及运用，汽车电子干扰及抗干扰措施，汽车电路图运用知识，汽车电气系统符号标准，汽车电子仪表性能、结构与原理。

（5）掌握发动机原理与汽车理论知识。

（6）掌握现代汽车各系统和装置的结构、工作原理及检修规范。

（7）掌握汽车整体性能指标及检测、评价方法；熟悉汽车整车性能影响因素和变化规律，能够利用这些知识判断分析汽车故障；掌握故障树的概念、符号、意义及故障树分析法。

（8）熟悉汽车维修工艺制定的知识。

（9）掌握汽车维修现场管理的知识，能对质量管理流程提出改进。

（10）熟悉汽车零配件管理知识及流程。

（11）了解汽车修理成本核算知识，能评定与估算汽车维修价格。

（12）了解培训计划与教案编写知识、职业培训的辅助设备操作与工作原理、讲课技巧。

（13）掌握工作总结、故障分析报告及技术论文的写作方法。

2．专业能力要求

（1）能独立完成汽车维修企业一般维修工作的各项任务。

（2）掌握汽车修理的关键技术技能，能独立处理和解决汽车维护、修理、检测作业的技术或工艺难题。

（3）能够根据维修资料结合企业实际，编写维修保养工艺规程或工艺改进方案。

（4）善于自学新技术，运用新工艺、新方法，解决车型技术更新带来的维修难题，开展技术革新、技术改造。

（5）能进行汽车各种疑难故障的诊断与排除，分析故障原因，写出故障分析报告。

（6）能对汽车维修检测设备进行维护、检查和必要的技术改造。

（7）能用计算机处理工作领域信息和进行技术交流，能检索和使用各种技术文献及多媒体信息资料，能够借助英语工具书使用英文版汽车维修资料。

（8）初步具有现代生产车间及班组的管理能力。

（9）能撰写工作总结、技术报告、技术论文。

（10）能指导和培训汽车维修初、中级别人员，开展专题技术讲座。

3．专业素质要求

（1）牢固树立安全环保的生产意识。

（2）具有良好的人际交流能力、团队合作精神和强烈的服务意识。

（3）熟悉本专业各种生产作业规范，自觉养成规范化作业的良好习惯。

（4）具有吃苦耐劳的精神、饱满的工作热情和顽强的工作态度，注重提高工作效率。

（5）持续改进能力，做到爱岗、敬业。

（6）严格执行"整理、整顿、清洁、清扫、素养"的5S管理，将其变成工作中的自觉行动。

（7）具有一定的调研与决策能力，口头与文字表达能力。

三、教学分析

1. 中级工阶段

表3-14　汽车维修专业中级工教学分析

任务领域	专业课程	职业能力
机械修理	汽车维修专业入门	①汽车基本结构与组成 ②汽车基本工作原理 ③汽车基本操作 ④汽车维修企业岗位及要求 ⑤汽车职业安全 ⑥汽车维修工具设备操作与使用 ⑦汽车维修企业参观
	汽车发动机机械维修	①会拆装发动机 ②会测量发动机各部件 ③能分析发动机零部件故障 ④熟悉发动机及零部件工作原理
	汽车制动系统维修	①熟悉工作原理 ②制动系统检查及维修、更换
	汽车转向与悬架系统维修	①熟悉工作原理 ②转向与悬架系统检查及维修、更换
	汽车手动变速器及驱动桥维修	①能拆装变速器 ②能进行变速器挡位调整 ③熟悉变速器构造与工作原理
	汽车自动变速器维修	①能拆装自动变速器 ②能进行自动变速器相关调整 ③熟悉自动变速器构造与工作原理
	汽车维修中级实训	综合运用所学知识完成一般维修项目
	整车维护实训	能按照流程规范进行维护保养
	汽车维修生产实习	①适应企业工作环境，了解真实的工作流程 ②承担工作责任 ③积累工作经验 ④能与工作同事交流合作，良好沟通

（续上表）

任务领域	专业课程	职业能力
电器修理	汽车电工与电子	①汽车电工电子基础知识 ②汽车电工电子器件基本原理 ③汽车电器检测基本技能
	汽车发动机控制系统检测与维修	①发动机控制系统的知识 ②发动机控制系统检测与诊断的知识 ③会使用诊断仪读取诊断信息 ④会检测一般电路和元件 ⑤会维修常见故障
	汽车车身电器维修	①汽车电器的作用、结构、工作原理知识 ②汽车电路图的知识 ③能读懂汽车电路图 ④能根据电路图检查电路、电器 ⑤能对电器线路和电气设备进行拆装 ⑥照明系统、信号系统、辅助电机及电气操纵系统（雨刮及喷水、倒车镜、车窗及天窗、门锁、座椅等）、仪表与报警系统的组成和工作原理 ⑦能对汽车该部分电器及电路故障进行检测和排除
车身修理	汽车美容	①汽车车身结构知识 ②汽车涂装及美容的知识
涂装		
美容装潢		

2. 高级工阶段

表 3 - 15　汽车维修专业高级工教学分析

任务领域	专业课程	职业能力
服务顾问	汽车维修业务接待	①汽车维修业务接待专业知识、基本礼仪知识 ②能按汽车维修业务接待的规范流程工作 ③能处理汽车维修业务接待过程中的个别性问题 ④能运用接待技巧 ⑤能了解客户心理，维护好客户关系 ⑥能诊断车辆故障 ⑦能估算维修费用
客户关系维护		

（续上表）

任务领域	专业课程	职业能力
质量索赔、汽车保险业务办理	汽车保险与理赔	①汽车质量索赔的流程知识 ②保险事故车辆维修的处理流程 ③会制作保险事故车辆维修的资料文件，按流程办理理赔业务 ④能按汽车生产厂家的要求办理索赔业务
质量检验 配件计划 配件管理 工具设备保管	汽车维修企业管理	①汽车维修企业管理的知识 ②能进行班组的维修质量管理 ③熟悉企业配件管理的知识和工作流程
汽车销售	汽车营销	①汽车商务知识 ②了解汽车产业布局 ②掌握汽车销售的技巧 ③掌握汽车销售人员应该具备的专业知识和行为规范 ④熟悉汽车销售流程和销售渠道 ⑤理解汽车品牌营销策略
车辆急救	汽车维修毕业实习	①熟悉车辆急救的处理过程 ②会对车辆实施急救
机械修理	汽车维修毕业实习	①积累工作经验 ②承担工作责任 ③接受企业文化 ④交流、协作工作
	整车诊断实训	①汽车故障诊断方法和流程知识 ②诊断维修汽车底盘故障 ③诊断汽车控制系统故障 ④诊断汽车电器故障
	汽车总成维修实训	按企业维修规范，全面掌握一般维修项目的作业，增强工作熟练度
	汽车维修工高级实训	综合运用所学知识，完成高级工鉴定所要求的操作项目，达到高级工层次的技能要求

（续上表）

任务领域	专业课程	职业能力
电器修理	汽车车身电控系统检测与维修	①汽车辅助电动机及电气操纵系统、电子仪表、安全气囊及收紧器、防撞系统、防盗系统、音像及舒适娱乐系统、多路传输通信系统、智能汽车与智能运输系统等的电子控制技术的组成及工作原理 ②能对汽车该部分电器及电路故障进行检测和排除
	汽车空调维修	①熟悉汽车空调结构、工作原理 ②能诊断并维修汽车空调控制电路故障 ③能诊断并维修空调循环系统的故障

3. 预备技师阶段

表 3－16 汽车维修专业预备技师教学分析

任务领域	专业课程	职业能力
服务顾问	汽车维修企业生产管理	①熟悉汽车维修企业生产管理体系和管理方法 ②制定企业生产管理规定 ③会检查监控生产质量，提出改进方案
	培训能力训练	①能制订企业培训计划 ②会编写教案、制作教学课件 ③掌握培训课程授课基本方法和技巧 ④能对汽车维修技术或管理方面的专题进行培训 ⑤组织培训工作
服务顾问	技术论文撰写	①能组织专题技术讨论 ②会撰写汽车维修技术论文
汽车故障检修	汽车综合故障诊断与维修	①能在企业组织和实施电控发动机检修作业 ②能诊断排除发动机电控系统疑难故障
	汽车维修技师企业实践	具有一定的实践工作经验
业务培训	汽车维修技术培训能力训练	①能组织和实施技术培训 ②能开展技术分析、讨论工作

四、课程设置及学时学分安排

见教学进程表。

五、各类课程学分分配

初中起点四年高级工：

表 3 – 17 初中起点四年高级工各类课程学分分配

课程性质	必修课（实习课）	限选课	任选课	合计
学分	136	27	15	178

（实习学期不要求学生选修课学分）

高中起点四年预备技师：

表 3 – 18 高中起点四年预备技师各类课程学分分配

课程性质	必修课（实习课）	限选课	任选课	合计
学分	156	3	15	174

六、各教学环节总体安排

初中起点四年高级工：

表 3 – 19 初中起点四年高级工各教学环节总体安排

学期	主要教学环节教学周数									备注
	军训	课堂教学	考试	课程设计	集中实习	社会实践	毕业实习	毕业设计	合计	
1	2	17	1						20	
2		18	1						19	
3		18	1						19	
4		18	1						19	
5		18	1						19	
6		18	1						19	
7		8					10		18	
8							16		16	

高中起点四年预备技师:

表3-20 高中起点四年预备技师各教学环节总体安排

学期	主要教学环节教学周数									备注
	军训	课堂教学	考试	课程设计	集中实习	社会实践	毕业实习	毕业设计	合计	
1	2	17	1						20	
2		18	1						19	
3		18	1						19	
4		18	1						19	
5		18	1						19	
6		18	1						19	
7		8					10		18	
8							16		16	

七、专业主干课程及主要实践教学内容简介

1. 钳焊工技能训练

本课程是一门培养学生钳工和焊接操作的技能课,也是技术性和实操性很强的课程。通过本课程的学习,使学生掌握钳工、焊工所需的工艺理论知识,具有一定的工艺分析和解决问题的能力;使学生懂得钳工、焊工常用工具、量具、刃具的规格、性能、用途及正确使用方法,能熟练掌握钳工、焊工操作技能,并熟练地进行必要的计算,会查阅有关技术手册。

2. 汽车电路与电器基础

本课程是汽车维修专业的一门主干课程,主要学习汽车维修工作所需的电工与电子技术基础知识和技能,培养对汽车基本电路的理解与检测的能力,为后续的汽车维修专业课程服务。

3. 汽车维修机械基础

本课程是汽车维修专业的一门专业基础课程。内容包括互换性与测量技术、汽车工程材料、汽车机构分析、汽车常用传动机构及零件的强度计算和液压传动。具体介绍尺寸公差与配合、几何公差、表面粗糙度、检测技术基础;工程材料的性能与热处理方法、汽车上常用的金属和非金属材料;汽车中用到的静力学、运动学、动力学知识;常用机械与汽车机构的工作原理、受力与运动分析;汽车常用零件及结构的认识;液压传动的基本元件、基本回路与典型汽车液压系统。

4. UG 工业产品设计

本课程是汽车维修专业的基础课程，主要培养学生使用三维绘图软件设计简单维修工具及其他零件的能力，为学生在未来职业中发挥其创新才能打下基础。课程任务包括掌握基于特征的建模方式以及参数化设计的思想；熟悉使用三维造型设计软件 UG 进行机械产品计算机辅助设计。

5. 汽车专业英语

本课程是汽车维修专业的一门基础课程，培养学生阅读和使用英文版汽车维修资料的能力。学习内容包括：简单的汽车文化英语文章，汽车零部件英文名称，英文版汽车维修手册的阅读使用。

6. 单片机原理及应用

本课程是汽车维修专业的基础课程，主要培养学生运用单片机设计一般控制电路的能力，为学生在未来职业中发挥其创新才能打下基础。课程内容包括：了解单片机的基本结构、工作方式；掌握单片机的基本编程语言、指令系统，学会简单的软件编制及程序分析方法。本课程是一门理论性较强、实践内容很丰富的专业课程，在教学中必须切实注意理论与实践相结合；必须注意运用直观教学、现场教学、电化教学和实验教学等手段和方法，从而培养学生分析和解决生产中的技术问题的能力和实际动手能力。

7. 发动机原理与汽车理论

本课程主要学习汽车发动机工作过程的基本理论、汽车运动过程的受力和汽车的主要性能。汽车发动机原理主要讲述发动机原理的基础知识、发动机的性能指标、发动机的换气过程、发动机的混合气形成与燃烧过程、发动机特性、发动机试验等；汽车理论主要讲述汽车运动过程的受力分析、汽车的动力性、制动性、燃油经济性、操纵稳定性、行驶平顺性、通过性、汽车的性能试验等。

8. 汽车一级维护

本课程是汽车维修专业的入门课程，为后续各模块课程的学习打下基础。课程主要内容包括：汽车的总体结构组成、基本工作原理；汽车维修企业概况、汽车维修工作岗位及工作任务；汽车的基本操作使用；汽车维修车间安全及工具、设备使用；汽车日常维护、一级维护。

9. 汽车悬架及转向系统维修

本课程是汽车维修专业必修的一门专业技术课程。本课程主要学习汽车悬架与转向系统的整体结构及原理；训练汽车悬架系统和转向系统维护的作业；诊断与排除汽车悬架系统和转向系统的常见故障。重点按企业实际工作过程来培养学生的拆卸、检修、安装与调试、故障诊断与排除等专业能力和职业核心能力。

10. 汽车发动机机械维修

本课程主要学习发动机的机械结构和工作原理，并从原理出发，指导学生如何以规范的程序对发动机机械系统进行科学的维护、诊断、修理和拆装。发动机的基本理论部分分别介绍发动机的基本结构和原理、配气机构、曲柄连杆机构、燃油系统、润滑和冷却系统、简单起动和充电系统（作用、组成）等几个部分；发动机机械故障诊断与基本测试讲解故障诊断的基本流程和常用的测试方法，以及各机构、系统的检修过程和维修要点。本课程包含发动机认识拆装实习。

11. 汽车手动变速器和驱动桥维修

本课程是汽车维修专业的必修课程。学生通过学习本课程，掌握汽车手动变速器及驱动桥的维修知识，能够正确地使用工具和技术资料，对手动变速器及驱动桥进行规范的保养及维修。

12. 汽车车身电器维修

本课程主要学习汽车电器设备的组成和工作原理，包括电源系统、起动机、照明系统、信号系统、辅助电机及电气操纵系统（雨刮及喷水、倒车镜、车窗及天窗、门锁、座椅等）、仪表与报警系统，能对汽车基本电器及电路故障进行检测和排除。

13. 汽车制动系统维修

本课程是汽车维修专业的一门专业课。制动系统作为汽车行驶安全的保证，其维护与检修工作在汽车维修中占有较大比重，该课程操作性较强，是一门应用型课程。课程任务：通过本项目课程学习，使学生达到能独立完成汽车制动系统的规范保养，能判断并排除汽车制动系统故障，积累初步的汽车制动系统维修经验。

14. 汽车发动机控制系统检测与维修

本课程主要学习发动机控制系统的组成和电子控制原理，掌握以科学的思路和规范的程序对发动机控制系统故障进行正确的诊断、修理。主要内容：根据诊断和维修的实际需要，系统讲述发动机电控系统的基本构成和控制原理，包括燃油控制、点火控制、怠速控制、排放控制、进气控制、失效保护、断缸控制、停车起动控制和网络传输等各种控制功能。从实践方面主要学习发动机诊断常用检测仪器和设备、发动机维修准备和故障诊断程序、自诊断系统运用等。

15. 汽车自动变速器维修

本课程主要学习自动变速器结构和工作原理，使学生能比较熟练地掌握自动变速器的拆装方法和工艺规范，并能正确对自动变速器进行规范保养和维护。本课程含有拆装实习，贯穿于一体化课程。

16. 汽车空调维修

从实际维修的角度学习现代汽车空调和暖风系统的结构与原理，并掌握如何以规范的操作程序对空调和暖风系统进行维护和保养，以及用科学的思路、先进的诊断方法和规范的操作对空调和暖风系统的故障进行诊断和维修。

17. 汽车总成大修（丰田二级）

本课程综合运用汽车发动机维修知识和技能，结合丰田 TEAM21 "丰田专业技术员"训练内容，规范化地完成汽车发动机、底盘、电器各总成大修作业。

18. 汽车故障诊断（丰田三级）

本课程学习汽车整车故障诊断和排除，使学生进一步掌握汽车维修、检测与诊断的常见规范，培养认真负责的工作态度和一丝不苟的工作作风。

19. 汽车车身修复

本课程主要学习汽车车身的基本结构、拆装方法，汽车钣金与喷漆的基本技能，使学生能按照规范流程，完成钣金与喷漆的基本操作。

20. 汽车维修业务接待

本课程主要学习汽车维修接待规范，训练学生完成汽车维修接待任务。通过本课程教学，学生能初步运用汽车理论知识在汽车销售现场做汽车维修接待的工作。

21. 汽车车身电控系统检测与维修

本课程主要学习汽车辅助电动机及电气操纵系统、电子仪表、安全气囊及收紧器、防撞系统、防盗系统、音像及舒适娱乐系统、多路传输通信系统、智能汽车与智能运输系统等的电子控制技术，能对汽车该部分电器及电路故障进行检测和排除。

22. 汽车二级维护

本课程重点训练学生掌握汽车保修制度、维修工艺组织和竣工验收等技术以及对汽车整车进行规范维护保养的技能，以使学生在生产实习阶段能尽快满足岗位需要。

23. 汽车维修工高级实训

本课程对国家职业大纲中要求的汽车维修工高级工的应会技能进行重点强化训练，以提高学生的实际维修技能；同时巩固高级模块所学的专业知识，使学生在训练中进一步养成良好的职业素养。

24. 丰田专业技术员培训与生产实习

学生在实习教师及企业师傅的指导下，在实际工作岗位进行见习，熟悉汽车维修岗位工作任务，协助汽车维修班组进行工作。

25. 汽车维修毕业实习

通过本课程的学习，学生深入生产实际，深化和充实专业知识，增加实际维修经验，熟悉汽车维修生产过程和工艺要求；掌握汽车维修常用工具、量具、仪表和机具设备以及汽车检测诊断仪器设备的使用方法，进一步熟练操作技能，培养良好的上岗工作的能力。学生还要结合实习岗位学习毕业论文的写作。

八、本教学计划编制及执行说明

初中起点学生修完课程，并取得 178 学分和汽车维修工高级职业资格证书后，可获得高技毕业证书；高中起点学生修完课程，并取得 174 学分和汽车维修工预备技师职业资格证书后，可获得汽车维修预备技师毕业证书。

三、编制项目课程教学大纲

（一）项目设计方法

项目课程项目设计首先应根据课程目标，选取典型产品或服务作为项目。项目设计要围绕工作任务来进行，否则就不是职业教育的课程。例如：数控加工专业的工作任务是加工零件，因此选取典型零件作为项目；汽车维修专业的工作任务是维修汽车故障，因此选取典型故障作为项目；工业产品设计专业的工作任务是设计产品，因此选取典型产品作为项目。其次，将选取的项目进行排序。一般来说，根据项目的难易程度由低到高排列，符合学生的认知规律，或根据项目之间的相互依存关系进行排列。最后，确定项目中的知识和技能。项目中知识和技能选择的基本依据是工作任务分析中的职业能力。在项目课程项目设计过程中还应考虑如下几个问题：

1. 项目的开放性

开放性项目，即需要学生自己确定目标，通过查阅资料或小组讨论，自己设计工作过程。开放性项目不但培养学生的实践能力，而且培养学生的创新精神；不仅要求学生能完成既定工作任务，还要求学生能改进和提高工作过程，能主动地、弹性地、负责任地完成工作任务。因此，在一体化课程项目设计时，应针对专业特点尽量开发开放性项目。项目的开放性包括结果开放和过程开放。例如，工业产品设计专业的 IT 产品设计、家具设计、数码产品设计等设计课程，设计的产品没有最好只有更好，其结果是开放的。再例如，数控加工专业的"零件车削加工"、"零件铣削加工"等课程，加工出的零件必须符合图纸要求，但工艺方案可以是多样的，学生在制订工艺方案的过程中可以创新，其过程是开放的。

2. 项目之间的逻辑关系

一体化课程打破了按照知识本身逻辑组织课程的模式，转向围绕项目来组织课程，那么就必须在项目之间形成某种逻辑关系。项目只有通过系统化的逻辑设计，才能使学生逐渐地熟能生巧。熟就是经验，巧就是策略。项目逻辑关系的构建应依据相应职业领域的工作逻辑，例如汽车维修专业"发动机控制系统维修""自动变速器维修"等课程，工人的主要任务是根据故障现象诊断故障并维修，因此以故障现象作为逻辑主线设计项目。

3. 项目的典型性和可迁移性

一体化课程项目设计应建立在企业深入调研的基础上，应当尽可能开发来自企业的真实项目。因为真实项目有利于学生获得对完整工作过程的体验和对企业产品技术标准的体验等，有利于培养学生的工作思维。为了提高项目的可迁移性，所选择的项目应当是典型的，应当选择企业中能触类旁通的典型工作任务作为项目。

4. 项目的可操作性

一个是教学上的可操作性，一个是经济上的可操作性。一体化课程教学，不是45分钟一堂课、90分钟一堂课，很可能一个星期就是一个项目；教师很可能不是一个老师，很可能是两个或三个老师教这门课，体现团队的精神。因此项目在教学中的可操作性体现了一个团队、一个集体、一个老师的水平。另外，无论多么巧妙，多么有学习价值的项目，如果学校没有所需要的设备，也无法从企业获得相应支持，那么这种项目也是无效的。因此应当尽可能设计易于操作、可能操作的项目。

（二）项目设计基本形式

项目课程设计要围绕工作任务来进行，但并非意味着只能机械地围绕着一个个任务进行项目设计。项目课程最为突出的优势是培养学生的综合职业能力，而围绕孤立任务所进行的项目设计显然是无法达到这一目标的。在许多情况下，项目中所要学习的工作任务是交叉与重复的，即项目是跨工作任务的。根据我院21个专业170门课程的开发经验，按照项目与任务之间的关系，一体化课程项目设计的思路有以下几种基本形式：

1. 循环递进式

按照难易程度选取系列典型产品或服务作为项目，课程内容以从简单到复杂的系列典型产品或服务为主线展开。工作任务按工作流程划分，每个项目都会重复这个工作流程。尽管流程是重复的，但具体内容是从简单到复杂的，因此随着项目的推进，学生的职业能力在不断提升，如图3-2所示。例如，我院电子技术应用专业"多媒体产品开发与应用"课程，此课程选取企业典型的工作任务，以典型产品作为逻辑主线，共设计了三个项目，如表3－21所示。每个项目都包含完整的工作过程，每个项目的工作任务都是按照撰写设计方案、制作和调试硬件、编写和调试软件、测试产品这一工作流程划分，虽然流程是重复的，但知识目标、能力目标是不断提升的。

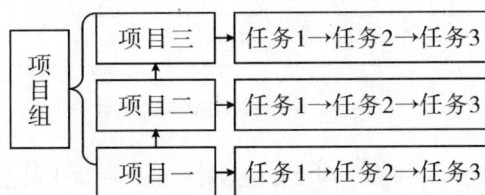

图3－2 循环递进式项目设计

表3－21 "多媒体产品开发与应用"课程项目设计

项目名称	工作任务
项目一：多媒体处理器最小系统的设计与调试	任务1：撰写设计方案
	任务2：制作和调试最小系统硬件电路
	任务3：搭建嵌入式 Linux 实时操作系统交叉开发环境
项目二：MP3/MP4 产品的设计与调试	任务1：撰写设计方案
	任务2：制作和调试 MP3/MP4 硬件电路板
	任务3：编写和调试 MP3/MP4 软件代码
	任务4：测试 MP3/MP4 产品
项目三：数码电子相框的设计与调试	任务1：撰写设计方案
	任务2：制作和调试数码电子相框硬件电路
	任务3：编写和调试数码电子相框软件代码
	任务4：数码电子相框产品的测试

2．平行并列式

按照某种类型选取典型产品或服务作为项目，项目之间既不存在复杂程度差别，也不存在先后的相互关系，而是按照并列关系排列，即项目与工作任务之间是对应的，每个项目设计时有其培养能力的侧重点，如图3－3所示。例如，我院汽车维修专业"汽车车身电器设备检测与维修"课程，按照汽车车身电器设备故障现象作为逻辑主线，共设计11个项目，如表3－22所示。这11个项目都是来自企业的典型工作任务，并且是并列关系，每个项目的知识目标和能力目标各有侧重。

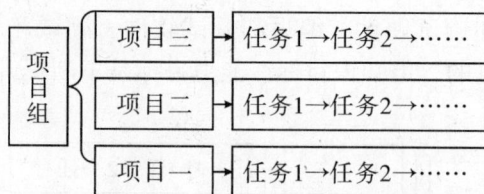

图 3 - 3　平行并列式项目设计

表 3 - 22　"汽车车身电器设备检测与维修"一体化课程项目设计

项目名称	工作任务
项目一：大灯不亮的检修	检修大灯不亮
	车辆修复与竣工检验
项目二：转向灯不亮的检修	检修转向灯不亮
	车辆修复与竣工检验
项目三：喇叭不响的检修	检修喇叭不响
	车辆修复与竣工检验
项目四：雨刮不工作的检修	检修雨刮不工作
	车辆修复与竣工检验
项目五：玻璃升降不工作的检修	检修玻璃升降不工作
	车辆修复与竣工检验
项目六：电动座椅不能调整的检修	检修电动座椅不能调整
	车辆修复与竣工检验
项目七：电动后视镜不工作的检修	检修电动后视镜
	车辆修复与竣工检验
项目八：更换车门锁	更换车门锁
项目九：门锁中控开关不起作用的检修	检修门锁中控开关不起作用
	车辆修复与竣工检验
项目十：水温表（含其他仪表）指针不动的检修	检修水温表指针不动
	检修其他仪表指针不动
项目十一：机油压力报警灯（含其他报警指示灯）总亮的检修	检修机油压力报警灯总亮
	检修其他报警指示灯总亮

3. 流程分段式

一门课程只选择一个大型的、完整的综合项目，它涵盖了该门课程需要学习的所有工作任务；根据工作任务界线，把这个项目划分成若干部分（小项目），学生按照工作顺序逐步完成各小项目，最终完成整个项目，如图 3-4 所示。例如，我院工业产品设计专业"运动产品设计"课程，整门课程以运动产品的设计为一个综合项目，按照设计过程把这个项目划分成 5 个工作任务，如表 3-23，最终完成运动产品的设计。

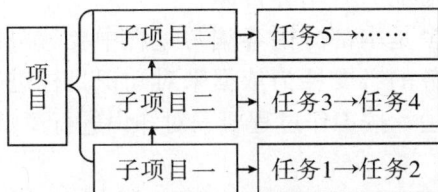

图 3-4　流程分段式项目设计

表 3-23　"运动产品设计"一体化课程项目设计

项目名称	工作任务
运动产品设计	撰写调研报告
	草图设计
	电脑效果图制作
	工程图制作
	版面设计

（三）项目课程教学大纲编制要求

项目课程教学大纲包含以下要素：课程性质和任务、课程基本要求、教学条件、课程内容、课时分配、考核方法、教学说明等。

1. 课程性质和任务

说明本课程的性质（必修课、限选课、选修课），明确本门课程在人才培养目标中的任务和作用，以及本门课程在专业教学计划中所处的地位（先行课、后续课）。

2. 课程基本要求

重点说明本课程职业能力的培养，并利用行为动词形式进行描述。行为目标一般用"能或会 + 动作要求 + 操作动词 + 操作对象"形式来描述,如"能熟练操作压片机"。

3. 教学条件

明确本课程对场地、实训设备、材料等的要求,要体现教学手段的先进性。

4. 课程内容

本部分要求说明课程划分的项目、工作任务及所要求的相关知识、职业能力(专业能力与核心能力)培养目标。

知识目标如何取舍是本部分内容编写过程中要解决的主要问题。我们要以知识对完成工作任务的必要性为依据来对知识目标进行选取,知识内容可以分解到不同项目中去,按工作过程要素对知识进行逻辑组织。

5. 考核方法

项目课程考核主要体现在评价标准、评价主体和评价过程三方面。其评价标准要立足岗位需求,做到课程标准与职业资格标准的接轨,实现课程标准与学生职业生涯发展的协调;其评价主体不仅是学校和教师,还有学生、企业、行业协会;其评价过程应实现阶段性评价与终结性评价相结合,着重落实阶段性评价。这样才能保证项目教学的质量和学生的学习水平,确保最终教学目标的达成。

6. 教学说明

(1)说明项目的来源、项目设计思路、项目排序的依据等。

(2)对本课程所采取的教学方法给出指导性建议。

(3)明确课程完成周数及周课时数。

案例 "制动系统维修"课程教学大纲

学分:4

学时:72

适用专业:汽车维修专业、汽车维修电工专业

一、课程的性质与任务

课程性质:本课程是一门专业技术课,属限选课。制动系统作为汽车行驶安全的保证,其维护与检修工作在汽车维修中占有较大比重,该课程操作性较强,是一门应用型课程。

课程任务:通过本项目课程的学习,使学生达到能独立完成汽车制动系统的规范保养,能判断并排除汽车制动系统故障,积累初步的汽车制动系统维修经验。

先行课程:"钳工与焊工工艺""发动机机械"

后续课程:"汽车维修下厂实习"

二、课程基本要求

课程以培养学生的职业岗位能力为目标,通过本课程的学习,学生应具有以下职业能力:

1. 会熟练使用常用工具、仪器(压力表、检漏仪、解码器)、设备(充电机、举升机、风炮)。

2. 了解国家及行业相关的安全法规,熟悉企业作业规范。

3. 能规范维护汽车制动系统、检测汽车制动系统性能。

4. 熟悉汽车制动系统各总成的作用、结构,理解制动系统工作原理。

5. 能运用汽车制动系统理论知识分析制动系统故障现象,判断汽车制动系统故障原因,并能排除故障。

6. 能在工作中自觉执行 5S 现场管理规范,能与其他学员团结协作、能处理工作中遇到的一般问题。

三、教学条件

1. 本课程项目中的工作任务在实车上进行,场地环境与企业基本相同,即配备举升设备、有排烟装置、可容纳至少四个车位的实训车间。为方便教学,在实训车间附近配一个多媒体教室。

2. 每班由两名以上教师上课,以便对学生的操作进行指导,保证安全。任课教师应掌握本课程的专业理论知识和熟练的操作技能,并熟悉企业作业规范。

3. 设备及器材要求:

(1) 四台以上充电机、举升机、整车。

(2) 四组以上常用工具、压力表、检漏仪、解码器、风炮、汽车制动系统零部件总成。

(3) 提供刹车油、砂纸、纱布。

(4) 多媒体教学设备。

四、课程内容及课时分配

表 3-24　"制动系统维修"课程内容及课时分配

项目名称	工作任务	知识目标	能力目标	课时
制动系统的维护	鼓式车轮制动器的维护	①熟悉制动系统及车轮制动器组成与工作过程 ②了解制动动力学、摩擦原理及摩擦材料分类	①能规范拆装调整鼓式车轮制动器 ②会检查鼓式车轮制动器各零件并判断零件是否需要更换	36
	盘式车轮制动器的维护	熟悉盘式车轮制动器的组成、工作过程	①能规范拆装盘式车轮制动器 ②会检查盘式车轮制动器各零件并判断零件是否需要更换	
	排除制动系统油路中的空气	了解液压基本原理，熟悉制动液的特性	会排除制动系统油路中的空气	
	制动总泵的维护	①熟悉制动总泵结构及工作原理 ②了解制动管路的类型	①能规范拆装制动总泵 ②会检查制动总泵各零件并判断零件是否需要更换 ③会选择制动液并对制动液不足予以添加	
	制动助力器的维护	①熟悉制动助力器结构 ②理解制动助力器工作原理	①会进行气密性功能检查 ②会检查动力助力操作情况 ③会进行负载气密性功能检查	
	驻车制动器的维护	①熟悉驻车制动器的作用 ②了解操纵机构形式	①会调整制动踏板高度 ②会调整驻车制动杆行程	
	竣工车辆检验	了解相关的技术要求	①能对竣工车辆进行检验 ②会撰写工作总结	

（续上表）

项目名称	工作任务	知识目标	能力目标	课时
ABS 故障灯常亮的检修	车轮速度传感器的检修	①熟悉 ABS 系统的组成及工作过程②了解 ABS 的特点③熟悉车轮速度传感器结构，理解车轮速度传感器工作原理	①会用万用表、解码器检测车轮速度传感器并判断车轮速度传感器是否需要更换②会用厚薄规检测传感器头与齿圈之间的间隙，并调整到要求范围③会用示波器检测车轮速度传感器的波形，并判断波形是否正常	18
	ECU 的检修	①了解 ECU 的功能②了解 ECU 的控制策略	①会检查 ECU 各端子情况②会判断 ECU 是否正常	
	液压调节器的检修	①了解 ABS 系统液压控制装置的组成②理解典型调节器的工作过程	①会用解码器检测液压调节器执行元件②会判断液压控制装置是否需要更换	
	车辆修复与竣工检验	了解相关技术要求	①能对车辆进行修复并检验②会撰写工作总结	
制动不灵故障的检修	制订维修方案	①熟悉制动不灵故障原因②了解制动系统常见故障现象及原因	①会识读车辆维修技术资料②能绘制制动不灵故障诊断流程图③会制订维修方案	18
	制动不灵故障的检修	①掌握检修方法②会分析检修过程中出现的理象	①能排除制动不灵故障②能判断并排除制动系统常见故障	
	车辆修复与竣工检验	了解国家及行业相关法规	①能对车辆进行修复并检验②会撰写工作总结	

五、考核方法

表 3 – 25　"制动系统维修"课程考核方法

序号	项目名称	考核方式	考核权重
1	制动系统的维护	教师、小组、个人共同评价	50%
2	ABS 故障灯常亮的检修	教师、小组、个人共同评价	25%
3	制动不灵故障的检修	教师、小组、个人共同评价	25%
合　　计			100%

项目考核要素包括职业素质、专业能力、创新能力三个方面，其中职业素质考核权重占 0.2，专业能力考核权重占 0.7，创新能力考核权重占 0.1。专业能力中专业知识以卷面的形式对个人进行考核，专业技能以小组完成工作任务的方式考核（可随机抽考一人作为小组成员成绩，也可小组共同完成，对小组给一个总分，小组成员的具体分由小组决定）。每个项目教师均应制作项目考核表，明确考核评价标准、评价依据、评价方式及考核权重。

六、教学说明

（1）本课程是汽车专业技术课程，项目一的设计来源于生产实践主要工作任务，项目二、三为生产实践典型工作任务。通过项目一的学习，学生具备制动系统维护的知识与技能；通过项目二的学习，学生具备 ABS 故障分析与排除能力；通过项目三的学习，学生具备综合故障的排查能力。学习结束，学生的能力（在制动系统检修方面）达到高级工水平，满足生产实践的需要。

（2）本课程将教学内容分为 3 个教学项目，采用项目教学法。基于工作任务的项目教学要创建与企业生产环境相类似的学习情境，每个项目完成应具备资讯—决策—计划—实施—检查—评估 6 个环节。教学中应体现以学生为主的教学理念，教师做好引导工作，教学目标指向培养学生的职业能力。

3. 课程安排在 3 周内完成，每周 20 学时，保证项目教学的连续性。

七、教材和参考书

1. 教材

冯北凯. 制动系统结构与维护. 北京：机械工业出版社，2012.

2. 参考书

①李春明. 汽车底盘电控技术. 北京：机械工业出版社，2002.

②杨信. 汽车构造. 北京：人民交通出版社，2002.

教学项目一 制动系统的维护

一、教学目标

（1）能按岗位要求接受维护工作任务。

（2）熟悉制动系统结构，理解制动系统及各部件工作原理。

（3）能规范拆装制动系统各部件、总成，能检查并判断零部件是否合格。

（4）熟悉工作流程，能按要求独立完成制动系统的维护工作。

（5）了解国家及行业相关的安全法规，能对竣工车辆进行检验。

（6）会撰写工作总结。

二、技术要求

制动管路各接头部位牢固可靠，不漏气，制动管路无凹痕或者其他损坏，制动管路软管无扭曲、磨损、开裂、隆起等。确保制动管道和软管在车辆运动时，或者方向盘完全转动到任何一侧时，不会因为振动而与车轮或者车身接触。用手转动轮胎，能够无任何噪声地平稳转动。连接机构灵敏可靠，行车踏板自由行程为 $10 \sim 15\text{mm}$。总泵、分泵无漏油，制动液面达到规定范围。盘式转子没有任何分段、不均匀、异常磨损、裂纹或者其他损坏，制动盘厚度、制动盘跳动量在规定范围内。制动蹄片移动顺利，制动蹄片和背板的接触面无磨损。制动蹄片和背板的接触面无生锈。制动衬片制动鼓无任何碎屑、层离或者其他损坏，制动衬片厚度、与制动鼓的贴合符合规定要求。驻车制动杆拉动时，驻车动杆行程在预定的槽数内，在点火开关位于"ON"时，当驻车制动杆操作时，在拉动杆到第一个槽口前，指示灯就已经发光。

三、教学资源

（1）整车实训车间，配备 4 台以上充电机、举升机、整车（前盘后鼓）。

（2）4 组以上常用工具、检漏仪、风炮。

（3）提供刹车油、砂纸、纱布。

（4）多媒体教学设备，维修手册、电子版维修资料。

四、教学任务分解及课时分配

表 3 – 26 "制动系统的维护"教学任务分解及课时分配

教学项目	教学过程	教学任务	课时
制动系统的维护	布置制动系统维护任务	①布置制动系统维护任务 ②介绍分析教学项目及实施条件	1
	收集资料，信息分析	①布置学生收集制动系统专业及车型维护资料 ②制动系统总体结构、功能学习	1

（续上表）

教学项目	教学过程		教学任务	课时
制动系统的维护	实施维修作业	①鼓式车轮制动器的维护	①指导学生学习鼓式车轮制动器结构、原理 ②指导学生对鼓式车轮制动器进行维护	8
		②盘式车轮制动器的维护	①指导学生学习盘式车轮制动器结构、原理 ②指导学生对盘式车轮制动器进行维护	4
		③排除制动系统油路中的空气	①指导学生学习液压基本原理及制动液的特性 ②指导学生排除制动系统油路中的空气	4
		④制动总泵的维护	①指导学生学习制动总泵结构、原理 ②指导学生对制动总泵进行维护	4
		⑤制动助力器的维护	①指导学生学习制动助力器结构、原理 ②指导学生对制动助力器进行维护	4
		⑥驻车制动器的维护	①指导学生学习驻车制动器结构、原理 ②指导学生对驻车制动器进行维护	4
	维修质量检验		①指导学生对维修质量进行检验 ②指导学生填写维修检验报告	4
	维修经验总结		①小组讨论、总结、评价维护工作 ②个人撰写维护工作总结	2
合计				36

五、项目考核

表 3 - 27　　"制动系统的维护"项目考核

评价要素	评价标准	评价依据	评价方式			权重
			小组	教师	个人	
职业素质	①能在工作中自觉执行 5S 现场管理规范，能遵守纪律，服从管理 ②能与其他学员团结协作 ③按时完成学习及工作任务 ④工作积极主动、勤学好问 ⑤能文明操作，无安全事故	①执行 5S 管理规范情况 ②按时完成学习及工作任务 ③无安全事故 ④平时表现	0.4	0.3	0.3	0.2

（续上表）

评价要素	评价标准	评价依据	评价方式			权重
			小组	教师	个人	
专业能力	①清楚规范的作业流程 ②熟悉制动系统、部件组成与工作过程 ③能独立完成制动系统的维护工作 ④能够进行工具、材料的准备工作，能对维护工作进行检查与总结	①操作规范 ②专业理论知识：卷面考核 ③专业技能：完整完成汽车制动系统维护作业 ④完成检查与总结工作	0.2	0.7	0.1	0.7
创新能力	①在总结中提出自己的见解 ②对教学或工作提出意见和建议，具有创新性	①工作总结、维修方案 ②提出的意见和建议	0.2	0.7	0.1	0.1

教学项目二 ABS 故障灯常亮的检修

一、教学目标

（1）能按岗位要求接受维护工作任务。

（2）熟悉 ABS 系统的组成及工作过程，了解 ABS 的特点，理解 ABS 工作原理。

（3）会检测 ABS 系统各部件、总成，并能判断零部件是否合格。

（4）能排除 ABS 系统常见故障，能对竣工车辆进行检验。

（5）会撰写工作总结。

二、技术要求

点火开关打开时，ABS 故障灯应闪亮（约 4S）；在发动机发动瞬间，ABS 故障灯及制动灯应该都亮；一旦发动机运转起来，两个指示灯都应熄灭。在车辆以 30~40km/h 行驶时，紧急制动车辆，制动踏板有明显的脉动。

三、教学资源

（1）整车实训车间，配备 4 台以上充电机、举升机、整车。

（2）4 组以上常用工具、专用示波器、解码器、风炮。

（3）多媒体教学设备，维修手册、电子版维修资料。

四、教学任务分解及课时分配

表 3 – 28 "ABS 故障灯常亮的检修"教学任务分解及课时分配

教学项目	教学过程		教学任务	课时
ABS 故障灯常亮的检修	布置 ABS 故障检修任务		①布置 ABS 故障灯常亮检修任务 ②介绍分析教学项目及实施条件	1
	收集资料，信息分析		①指导学生收集 ABS 系统及车型技术资料 ②指导学生学习 ABS 系统结构、功能	1
	实施维修作业	①车轮速度传感器的检修	①指导学生学习车轮速度传感器结构、原理 ②指导学生检修车轮速度传感器	4
		②ECU 的检修	①指导学生学习 ECU 的功能、控制策略 ②指导学生检修 ECU（重点检修 ECU 各端子）	4
		③液压调节器的检修	①指导学生学习液压调节器结构、原理 ②指导学生检修液压调节器	4
	维修质量检验		①指导学生对维修质量进行检验 ②指导学生填写维修检验报告	2
	维修经验总结		①小组讨论、总结、评价维护工作 ②个人撰写维护工作总结	2
合计				18

五、项目考核

表 3 – 29 "ABS 故障灯常亮的检修"项目考核

评价要素	评价标准	评价依据	评价方式			权重
			小组	教师	个人	
职业素质	①能在工作中自觉执行 5S 现场管理规范，能遵守纪律，服从管理 ②能与其他学员团结协作 ③按时完成学习及工作任务 ④工作积极主动、勤学好问 ⑤能文明操作，无安全事故	①执行 5S 管理规范情况 ②按时完成学习及工作任务 ③无安全事故 ④平时表现	0.4	0.3	0.3	0.2

（续上表）

评价要素	评价标准	评价依据	评价方式			权重
			小组	教师	个人	
专业能力	①清楚规范的作业流程 ②熟悉 ABS 系统及部件组成与工作原理 ③能独立完成 ABS 故障灯常亮的检修工作 ④能够进行工具、材料的准备工作，能对维护工作进行检查与总结	①操作规范 ②专业理论知识：卷面考核 ③专业技能：完整完成 ABS 故障灯常亮的检修作业 ④完成检查与总结工作	0.2	0.7	0.1	0.7
创新能力	①在总结中提出自己的见解 ②对教学或工作提出意见和建议，具有创新性	①工作总结 ②提出的意见和建议	0.2	0.7	0.1	0.1

教学项目三 制动不灵故障的检修

一、教学目标

（1）能按岗位要求接受工作任务。

（2）了解制动系统常见故障现象及原因，熟悉制动不灵故障原因。

（3）会识读车辆维修技术资料，会制订维修方案。

（4）熟悉工作流程，能完成排除制动不灵故障的工作。

（5）能对竣工车辆进行检验。

（6）会撰写工作总结。

二、技术要求

机动车以 50km/h 初速度下急踩制动时，从脚接触制动踏板（或手触动制动手柄）时起至机动车停住时止机动车驶过的空载检验制动距离要求≤19m，制动时车辆无跑偏、无甩尾。

三、教学资源

（1）整车实训车间，配备 4 台以上充电机、举升机、整车。

（2）4 组以上常用工具、解码器、风炮。

（3）多媒体教学设备，维修手册、电子版维修资料。

四、教学任务分解及课时分配

表 3-30 "制动不灵故障的检修"教学任务分解及课时分配

教学项目	教学过程	教学任务	课时
制动不灵故障的检修	布置制动不灵故障的检修任务	①布置制动不灵故障的检修任务 ②介绍分析教学项目及实施条件	1
	收集资料，信息分析	①指导学生收集制动系统专业及车型维修资料 ②指导学生分析、讨论制动不灵故障的原因	3
	制订维修方案	①指导学生研究待修车辆制动系统的结构，确认相关元器件、保险丝、继电器位置 ②指导学生绘制制动不灵故障诊断流程图 ③指导学生制订维修方案	4
	实施维修作业	①学生完成维修前准备：车辆准备；工具准备；配件、材料准备；维修工位准备；人员分工安排 ②学生按维修作业方案，实施制动不灵故障的诊断	6
	维修质量检验	①学生维修质量检验 ②学生填写维修检验报告	2
	维修经验总结	①小组讨论、总结、评价维护工作 ②个人撰写维护工作总结	2
合计			18

五、项目考核

表 3-31 "制动不灵故障的检修"项目考核

评价要素	评价标准	评价依据	评价方式			权重
			小组	教师	个人	
职业素质	①能在工作中自觉执行 5S 现场管理规范，能遵守纪律，服从管理 ②能与其他学员团结协作 ③按时完成学习及工作任务 ④工作积极主动、勤学好问 ⑤能文明操作，无安全事故	①执行 5S 管理规范情况 ②按时完成学习及工作任务 ③无安全事故 ④平时表现	0.4	0.3	0.3	0.2

（续上表）

评价要素	评价标准	评价依据	评价方式			权重
			小组	教师	个人	
专业能力	①清楚规范的作业流程 ②了解制动系统常见故障现象及原因 ③能完整完成排除制动不灵故障的工作 ④能够进行工具、材料的准备工作，能对维护工作进行检查与总结	①操作规范 ②专业理论知识：绘制故障诊断流程图 ③专业技能：完整完成汽车制动系统维护作业 ④完成检查与总结工作	0.2	0.7	0.1	0.7
创新能力	①在总结中提出自己的见解 ②对教学或工作提出意见和建议，具有创新性	①工作总结、维修方案 ②提出的意见和建议	0.2	0.7	0.1	0.1

四、项目课程教材开发

（一）项目课程教材开发的指导思想

坚持以工作过程为导向，以能力为本位，以项目为载体，以学生为中心，开发既适用于学生专业能力培养，又能适应学生职业素质形成，融显性知识与隐性经验为一体、理论与实践相结合、体现创新能力培养的教材。

（二）项目课程教材开发的原则

1. 能力本位原则

教材的开发立足于培养学生的职业能力，即要严格依据教学大纲中的知识目标和能力目标，进一步深入调查和提炼实际工作中的操作技术与经验，开发有别于传统教材内容的新工作知识，并使教材反映出技术的最新发展趋势。此外，还要重视培养学生解决问题的能力和学习能力，注重安全意识、质量意识、服务意识等职业素养的培养。这些能力的培养需要设计教材时将知识与技能、过程与方法等方面内容协调发展，并在教材中以适当的形式呈现出来。

2. 工作过程导向原则

主要依据我校一体化课程开发阶段的研究成果，按照工作过程所需的知识与技能，以及这些知识与技能在工作过程中的排列顺序，以项目为单位完整地呈现集工作过程与学习过程于一体的教学过程。

3. 项目载体原则

以一体化课程开发阶段设置的项目为载体，提供真实的职业场景，使教材成为学生完成项目活动的导引。学生通过教材，能够了解到完成项目所需的基本过程与程序，学习到项目所包含的知识、技能与态度，找到完成项目所需的方法和条件，获取更多知识与技能的路径。

4. 以学生为中心原则

教材重在对学生能力的培养，因此教材的功能也应从传统的知识讲解变为对学生学习过程的指引。本次开发的教材应成为学生学习的指导、学生发展能力的工具、学生开阔视野的窗口，成为学生联系生活与社会、联系理论与实践、联系学校学习和职业工作的桥梁。同时由于项目课程的特点，每个项目从计划到实施都需要在教师的指引下充分发挥学生的学习自主性，因而在教材中要为学生留有较多的探索空间与自主建构知识和技能的余地。

（三）项目课程教材的整体设计

项目课程教材是以项目的形式划分全书的结构，整本教材由若干个项目组成，而每个项目又细分为若干个任务。每个项目或任务都应有工作情境的描述，在全书的结尾应有参考文献和名词索引，如"会务组织"项目课程教材的整体设计。

"会务组织"项目课程教材目录

（四）项目课程教材的特点

1. 项目课程教材是学生学习的学材

　　与传统课程教材的区别是，传统课程教材是为教师的"教"而写的教材，体现在教材的理论化程度高，学科体系完整，学生难以自学，因此是定位于教师"教"的教材。项目课程教材是以学生的职业活动为中心，对每个项目教学给定了明确的学习目标，并将该活动所涉及的理论与实践有机结合、融为一体，因而为学生自主学习提供了最大的便利，是学生"学"的学材。必要时可以编写与之配套的教师教学参考用书。

2. 项目课程教材是学生进行项目活动的指导手册

　　项目课程教材是围绕项目的实施组织教学，教材的设计是具体地将每一项目的完整工作过程呈现给学生，并且对每一具体工作任务的能力目标、活动过程、工作方法、技术要求、教学器材的配备要求都给出具体的指导。学生可以按照教材的指导完成全部项目活动，因此它是一套指导学生进行项目活动的指导手册。

　　如案例"汽车制动系统维修"教材以故障现象为主线，每个任务按照接受工作任务、收集信息与分析、制订工作计划、任务实施、工作检验与评估、拓展知识这一完整的工作过程，对工作任务的能力目标、工作方法、实施过程等给出具体的指导，引导学生完成全部的任务活动。

　　如图 3-5 "数控铣削加工"教材以典型零件为主线，每个项目按照零件加工过程，从读图、选用毛坯备料、编工艺到编程、加工、检测，引导学生完成整个零件的加工。

| 阅读零件图 | → | 选用毛坯备料、粗加工 | → | 编工艺选装备 | → | 铣削编程 | → | 铣削加工 | → | 检测 |

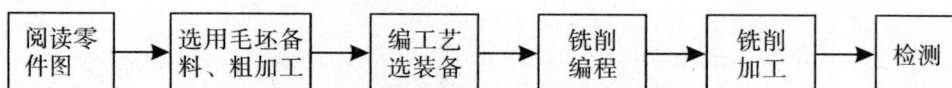

图 3 - 5 "数控铣削加工"教材编写体例

3. 项目课程教材是引导学生进行自主学习的教材

在项目课程教材的设计中包含了对学生的自主学习的引导功能，从每一项目学习目标的设定、项目活动过程的安排、工作任务的能力要求和完成任务质量的测评指标，都引导学生一步一步地通过自主的学习活动去完成任务，实现能力的培养。如案例"汽车制动系统维修"教材任务实施部分，学生按照指引，一步一步地自主完成工作任务。

另外，教材中还应多给学生提供相关知识与技能的链接或路径，指引学生运用多种渠道搜集信息，便于学生自主学习，实现学生的个性化发展。

4. 项目课程教材是与学生的学习进行互动的活动教材

在项目课程教材中应引入企业使用的工单、表格、报告等，使学生边学、边做、边填写。如表 3 - 32 "数控铣削加工"教材引入企业"机械加工工序卡片"，学生边做工艺分析，边填写卡片。

表 3 - 32 "数控铣削加工"教材"机械加工工序卡片"

机械加工工序卡片	产品型号		零（部）件图号		共　页
	产品名称		零（部）件名称		第　页
绘制工序图		车　间		工序号	
		毛坯尺寸		材料	
		设备名称		设备型号	
		夹具名称		切削液	

（续上表）

序号	工步内容	工艺装备	主轴转数 切削速度	进给量	切削深度	走刀次数	工序工时

　　教材中还可设置一些引导语、启示语、提示语，引导学生思考和提醒学生注意；同时要将在企业中实际工作的经验、技巧等在教材中列出，供学生借鉴。因此项目课程教材应充分体现教材与学生之间的互动性。

　　5．项目课程教材是融实践操作与工作思维培养于一体的教材

　　教材设计时，要注意安排多样化的学习情境或问题情境，依据工作情境进行项目描述，尽可能为学生提供真实的素材。项目描述包括内容、任务（做什么）、要求（技术要求或目标）等。表3－33为"玩具造型设计"教材的设计任务书，学生依据此设计任务书展开立体拼图玩具设计任务。

表3－33　"玩具造型设计"教材设计任务书

玩具名称	立体拼图玩具
造型要求	①以动物为主要造型元素 ②能抓住动物的典型特征及动作姿态 ③零件在4～10个之间，不宜过少或过多 ④适合摆放
规格要求	①以3mm胶合板为主材 ②零件以A4（297mm×210mm）大小为限
备注	2个工作日内完成提案

　　教材中设计"引导性问题"引导学生对工作实践问题的思考，培养他们

的工作思维能力和处理复杂多变工作情境的能力。

6. 项目课程教材内容的呈现

语言使用要科学、精确。科学指要使用通用的，为同行普遍接受的规范概念，并阐述已经成熟的专业知识；精确指要精练、准确地对各知识点进行表述。教材要图文并茂，多用图表、图片呈现教材内容。

7. 项目课程教材内容的整合

项目课程教材的内容一般涉及任务与标准、对象与结果、过程与方法、问题与经验、概念与原理几大类。教材编写时要注意有机地整合这几类工作知识，使之形成组织严密、结构清晰的教材内容。尤其要注意处理好理论知识与实践知识的关系，根据教材理论知识的含量，可以采取嵌入式，也可以采取分段式。例如，"模拟电路制作与调试"教材采用"做一做、读一读"的方式，使学生在做中学，将理论知识嵌入做一做中。案例"汽车制动系统维修"教材则采取分段式，每个项目按照接受工作任务、信息收集与分析、制订工作计划、任务实施、工作检验与评估展开。

8. 项目课程教材中课外练习的设计

在项目课程的教材设计中，教学项目主要选取的是典型的产品（或服务）。因而，教材课外练习的设计要以教学目标为依据，补充设计融理论与实践相结合的教学拓展项目，以巩固和拓展课堂教学内容，评估学生的学习效果。

案例 "模拟电路制作与调试" 教材（部分）

子任务1 认识电路中元器件符号

做一做

正确认识电路中的元器件符号，将名称填入下表中。

表3-34 元器件符号识别评价

元件符号	元件名称	各元件标号及参数

（续上表）

元件符号	元件名称	各元件标号及参数
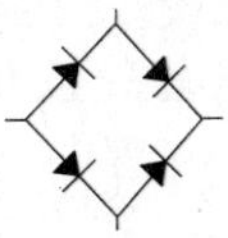		
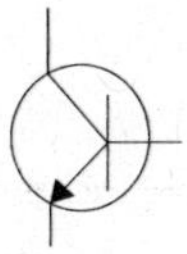		
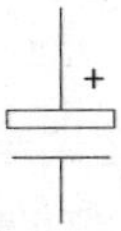		
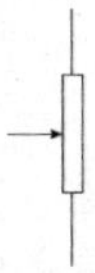		
 F		

读一读

[知识解析]

1. 直流稳压电源的组成

直流稳压电源是将交流电压经过变压、整流、滤波和稳压4个过程变换为直流电。所以一个直流稳压电源主要由变压器、整流电路、滤波电路及稳压电路4部分组成，如图3-6所示。

交流
220V → 变压 → 整流 → 滤波 → 稳压 → 直流9V

图3-6 直流稳压电源的组成

案例 "汽车制动系统维修"教材（部分）

任务1：车轮速度传感器的检修

一、接受工作任务

（1）一台威驰小轿车 ABS 故障灯常亮，故障码显示是车轮速度传感器及线路故障，需对车辆进行检修。

（2）对完工车辆进行检验。

（3）对工作进行评估并做好现场 5S 工作。

二、信息收集与分析

（一）车轮速度传感器的功用

检测车轮速度，并将车轮速度转换成电信号传送到电控单元中。

（二）车轮速度传感器的结构

车轮速度传感器有四个，每个车轮一个。图 3-7 中，A 为盘式车轮制动器上使用的车轮速度传感器，B 为鼓式车轮制动器上使用的车轮速度传感器。

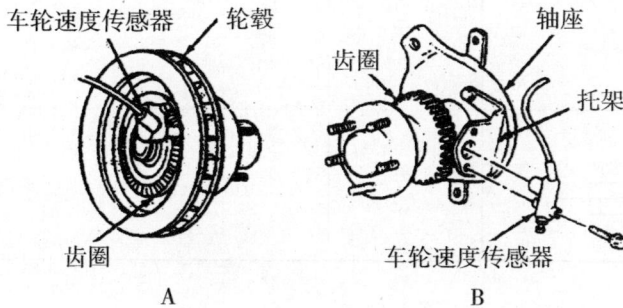

图 3-7　车轮速度传感器

传感器头是静止部件，安装在每个车轮的托架上；齿圈是旋转部件，安装在轮毂上，随车轮一起旋转。在传感器头与齿圈之间保持有 1mm 左右的间隙。

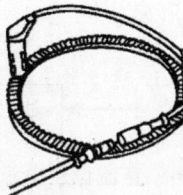

图 3-8　车轮速度传感器的外形

车轮速度传感器由外壳、永久磁铁、磁极和电磁线圈组成（如图 3-9 所示）。

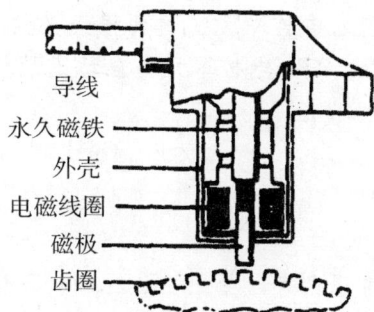

图 3-9 车轮速度传感器的结构

（三）车轮速度传感器信号产生原理

车轮速度传感器与普通的交流电机原理相同。如图 3-10 所示，永久磁铁产生一定强度的磁场，齿圈在磁场中旋转时，齿圈齿顶和电极之间的间隙就以一定的速度变化，这样就会使齿圈和电极组成的磁路中的磁阻发生变化。其结果是使磁通量周期性增减，在线圈两端产生正比于磁通量增减速度的感应电压。

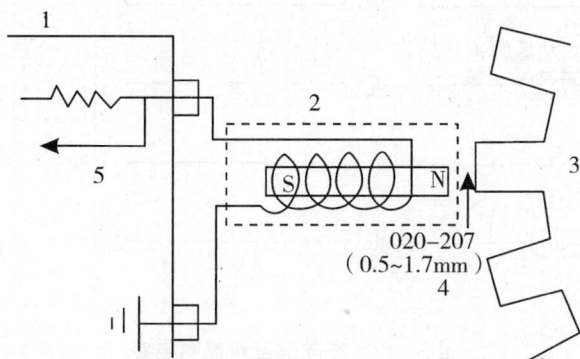

1-电控单元 2-传感头 3-齿圈 4-空气隙 5-车速信号

图 3-10 车轮速度传感器工作示意

车轮速度越快，磁通量变化越大，因此，感应电压正比于车轮速度（如图 3-11 所示）。

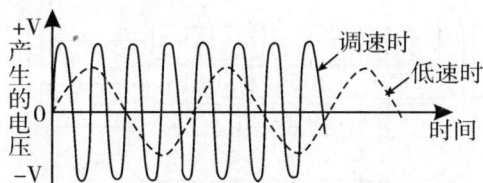

图 3-11 车轮速度传感器产生的电压信号

传感器引出两根线接入电控单元，这两根线必须是屏蔽线。车轮速度传感器或其线路如果有故障，ABS 电控单元会自动记录故障，点燃故障指示灯，让普通制动系统继续工作。

练习

(1) 传感器头与齿圈之间保持有_____ mm 左右的间隙。

(2) 传感器头是_____部件，齿圈是_____部件。

(3) 车轮速度越高，感应电压_____。

(4) 传感器引出两根线接入_____。

三、制订工作计划

(一) 查找维修手册及相关资料，学习以下内容

1. 车轮速度传感器电路

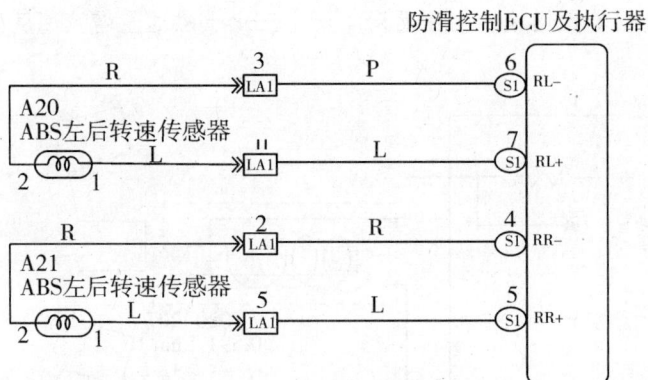

图 3-12　车轮速度传感器电路

2. ECU 端子

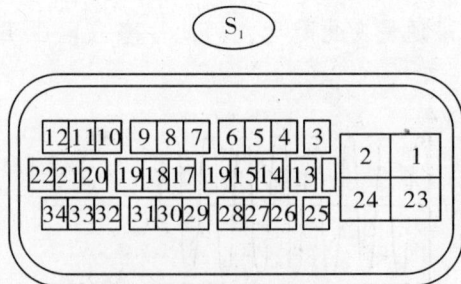

图 3-13　ECU 端子

3. 位置图

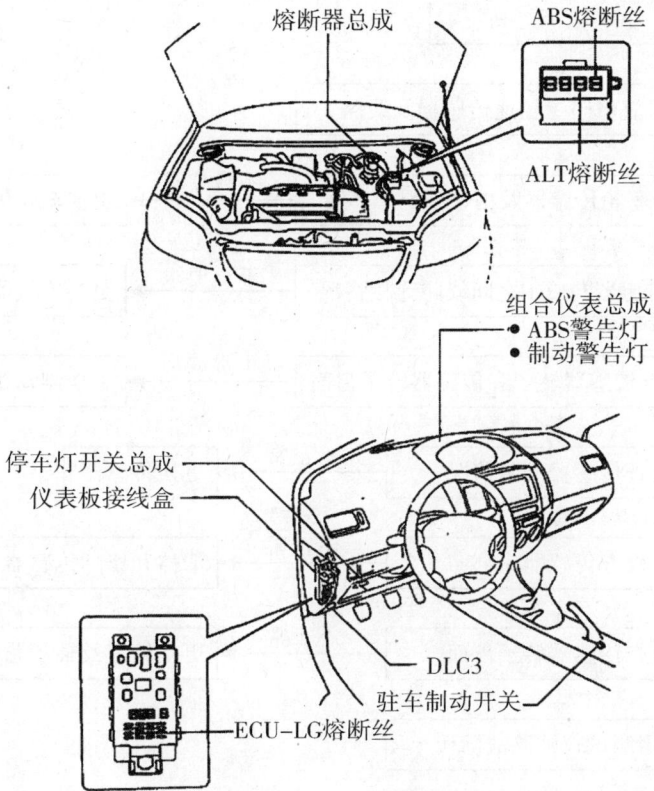

图 3-14 ABS 系统位置图

4. 检验标准

点火开关打开时，ABS 故障灯应闪亮（约 4s），在发动机发动瞬间，ABS 故障灯及制动灯应该都亮，一旦发动机运转起来，两个指示灯都应熄灭。在车辆以 30～40km/h 行驶时，紧急制动车辆，制动踏板有明显的脉动。

（二）在工作之前先完成下表的填充

表 3-35 汽车情况登记

车辆型号（VIN 码）	
发动机型号	
故障现象验证	

（三）制订工作计划（即工作流程）

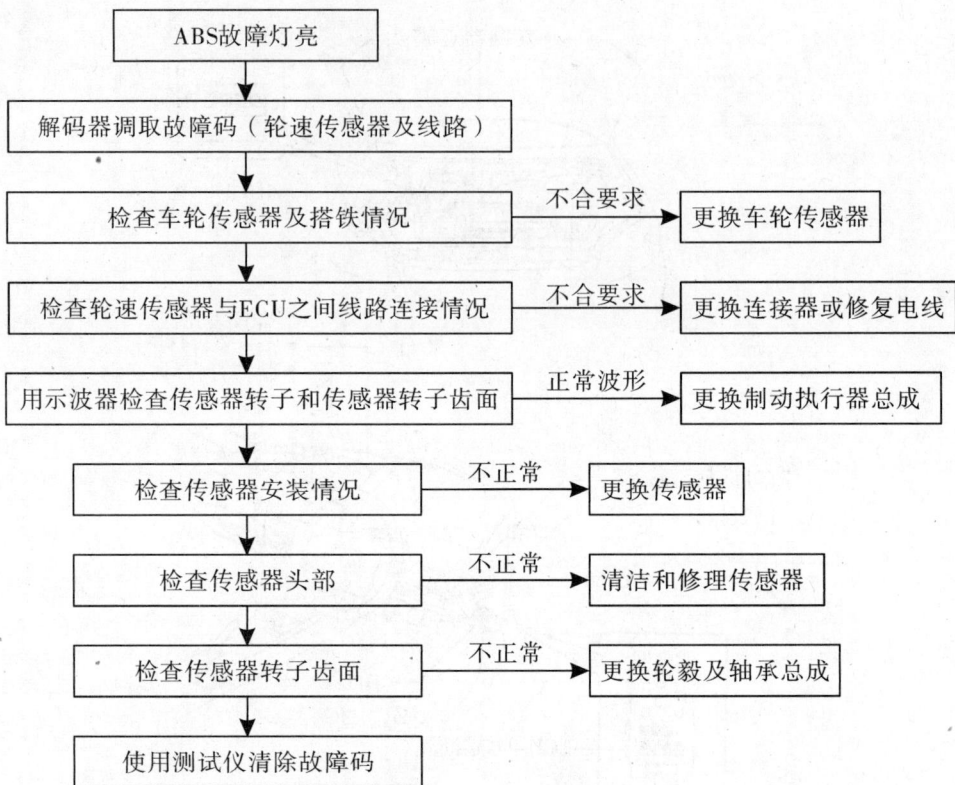

```
┌─────────────────────┐
│    ABS故障灯亮        │
└─────────────────────┘
          ↓
┌─────────────────────────────────┐
│ 解码器调取故障码（轮速传感器及线路） │
└─────────────────────────────────┘
          ↓
┌─────────────────────────────┐  不合要求  ┌──────────────┐
│   检查车轮传感器及搭铁情况     │ ────────→ │ 更换车轮传感器  │
└─────────────────────────────┘           └──────────────┘
          ↓
┌─────────────────────────────────┐ 不合要求 ┌────────────────────┐
│ 检查轮速传感器与ECU之间线路连接情况 │ ──────→ │ 更换连接器或修复电线   │
└─────────────────────────────────┘         └────────────────────┘
          ↓
┌─────────────────────────────────┐ 正常波形 ┌──────────────────┐
│ 用示波器检查传感器转子和传感器转子齿面 │ ──────→ │ 更换制动执行器总成   │
└─────────────────────────────────┘         └──────────────────┘
          ↓
┌─────────────────────┐  不正常  ┌────────────┐
│   检查传感器安装情况    │ ──────→ │ 更换传感器    │
└─────────────────────┘         └────────────┘
          ↓
┌─────────────────────┐  不正常  ┌────────────────┐
│    检查传感器头部      │ ──────→ │ 清洁和修理传感器   │
└─────────────────────┘         └────────────────┘
          ↓
┌─────────────────────┐  不正常  ┌──────────────────┐
│   检查传感器转子齿面    │ ──────→ │ 更换轮毂及轴承总成   │
└─────────────────────┘         └──────────────────┘
          ↓
┌─────────────────────┐
│  使用测试仪清除故障码    │
└─────────────────────┘
```

图 3-15　工作流程

四、任务实施

表 3-36　"汽车制动系统维护"任务实施

工作步骤及 工作内容	参考（以威驰车为例）	工作完成情况
1. 解码器 调取故障码	①将手持式测试仪连接到 DLC3 上 ②将点火开关扭至"ON"位置 ③以高于 45km/h 的车速行驶几分钟 　注意：检查时，若车轮打滑或转向盘转动不能完成车速传感器的检查 ④根据测试仪显示屏上的提示符读出故障 　注意：满足下列条件之一，即可显示故障码： 　a：车速不低于 10km/h，故障车型传感器信号开路或短路时间不少于 30s 　b：故障车型传感器信号暂时中断至少 7 次 　c：传感器信号电路开路时间不少于 0.2s	所测故障码_____ _____

（续上表）

工作步骤及工作内容	参考（以威驰车为例）	工作完成情况
2. 检查车轮传感器（防滑控制传感器）	①脱开防滑控制传感器连接器 ②测量防滑控制传感器连接器端子1和2之间电阻。正常电阻：小大于；2.2kΩ ③测量转速传感器连接能端子1和2与车身搭铁之间电阻。正常电阻：小大于；1MΩ 	防滑控制传感器连接器端子1和2之间电阻实测值： 转速传感器连接能端子1和2与车身搭铁之间电阻实测值：_____ _____ 是否需要更换传感器：_____
3. 捡查轮速传感器与ECU之间线路连接情况	①检查连接器是否开路 ②检查端子4、5（或6、7）与传感器连接器之间线路是否开路或短路	连接器连接情况_____ 轮速传感器与ECU之间线路情况_____ 维修情况记录_____
4. 用示波器检查传感器转子和传感器转子齿面	①用示波器链接到ECU端子RR＋与RR－或RL＋与RL－ ②以约20km/h的速度驾驶车辆，检查信号波形 正常波形： 注意：随着车速（车轮转速）增加，波形周期缩短，输出电压波动变大；示波器波形有杂波时，误差信号是由车速传感器转子刮伤、松动或异物聚积造成的 如果正常，检查和更换制动执行器总成；如果不正常，转到下一步骤	用示波器链接到ECU端子完成___ 波形：_____ 是否要更换制动执行器总成_____

（续上表）

工作步骤及工作内容	参考（以威驰车为例）	工作完成情况
5. 检查传感器安装情况	正常：传感器与后桥支架之间无间隙 好　　　　　　不好 如果不正常，更换防滑控制传感器；如果正常，转到下一步骤	检查情况：___ 传感器是否需要更换___
6. 检查防滑控制传感器头部	①拆卸防滑控制传感器 ②检查传感器头部 正常：传感器头部无副痕或异物 注：如果不正常，清洁和修理传感器；如果正常，转到下一步骤	拆卸防滑控制传感器。完成___ 传感器头部___ 维修情况记录
7. 检查传感器转子齿面	正常：传感器转子齿面无刮痕、缺齿或异物 注：如果不正常，更换左后桥或右后桥轮毂及轴承总成；如果正常，检查和更换制动执行器总成 注意：防滑控制传感器不可重复使用	传感器转子齿面检查___ 轮毂及轴承总成是否需要更换___ 制动执行器总成是否需要更换___ 维修情况记录
8. 使用测试仪清除故障码	①将手持式测试仪连接到 DLc3 上 ②将点火开关扭至"ON"位置 ③操作手持式测试仪，清除除故障码	再读故障码，故障码是否清除___
维修结论		

五、工作检验与评估

表 3 - 37　"汽车制动系统检修"工作检验与评估

检验项目	参考	小组对你的工作评价
故障是否排除	40 分（根据需要进行试车检验）	
维修计划是否合理	20 分（按计划顺利排除故障）	
维修是否规范	20 分（在维修过程中工具使用不正确、野蛮操作、检查不到位等情况酌情扣分）	
现场 5S 工作	20 分（工具整理、现场清扫等）	
合计		

第四章　校企双制高技能人才评价体系

第一节　开发背景

一、政策依据

2012 年，广东省人力资源和社会保障厅印发《广东省技工院校"校企双制"办学指导性意见》(粤人社发〔2012〕178 号)，《意见》指出："从 2012 年起，在全省技工院校开展'校企双制'办学改革，形成一批代表我省技工教育办学水平，引领我省技工教育校企合作办学和高技能人才培养的示范院校，力争到 2020 年基本建立起具有广东特色的'校企双制'办学制度。"同年，广东省人力资源和社会保障厅印发《关于贯彻落实汪洋书记在惠州市技师学院讲话精神加快建立技工教育体系的通知》(粤人社发〔2012〕4057 号)，《通知》中强调："加快探索'校企双制'培养机制，进一步完善校企对接制度建设。有条件的高级技校、技师学院要积极与企业合作，探索开展'校企双制'培养技师和高级技师。"

为推进校企合作的深化发展，推动技能人才培训和评价改革创新，进一步加快技能人才培养，2012 年，深圳市人力资源和社会保障局印发《深圳市校企合作技能人才职业能力评价试点方案》。《方案》指出："以劳动者职业能力、工作业绩以及职业道德和职业知识水平为评价重点的人才评价体系总体要求为指引，注重国家职业标准与企业岗位要求相结合、教育培训考核与企业评价相结合，有步骤地开展校企合作技能人才岗位职业能力评价试点工作。"《方案》以及上述出台的相关文件为新模式提供了政策层面的支持，为探索工作注入了强大动力。

二、目前高技能人才评价中存在的问题

就目前我国高技能人才评价的实践来看，存在以下问题：

(一) 重考核、轻评价

全日制高技能人才培养，以一次性考核结果论英雄，忽视了对专业技能

外的方法能力等的评价。这些能力更适宜在教学过程中评价，在条件允许的情况下，需要一定程度的考培一体化来解决这一问题。

（二）证书含金量降低

社会化鉴定内容脱离企业实际且更新缓慢，与生产现场的实际距离愈来愈远。造成培养与鉴定的有效性不足，证书含金量降低，用人单位及劳动力市场不认同；同时，理论和实操的终结性考试催生了应试教育与训练，学校采用应试教育，导致了能考不能干的现象日益严重。

（三）培训考证市场混乱

一些地区、行业的鉴定机构存在鉴定质量"假、次、低"的问题，即以假乱真，以次充好，以低顶高。这种高技能人才评价结果对高技能人才的社会声誉产生了负面影响，证书的权威性受损。

（四）评价主体单一

企业是技能人才特别是高技能人才培养的主体，也是使用的主体，而恰恰企业在高技能人才评价方面却较少具有发言权，甚至没有发言权，这也是社会化职业技能鉴定为不少企业所排斥的原因之一。

（五）通用性与实用性的问题难以解决

社会化职业技能鉴定的职业标准往往强调通用性有余，而照顾企业个性不足，企业不认同；而企业的评价指标中，又过于强调企业的个性化需求，评价标准的统一性有所欠缺，证书的权威性难以保证，不利于高技能人才的合理流动。

（六）训、考、评、用之间没有形成有效联动，导致评价难以发挥应有作用

高技能人才评价应该作为岗位使用与待遇的依据，并能够引导劳动者参加训练，提高技能。但在实际工作中，评价工作还没有发挥应有的作用。

上述问题的存在及解决是推动校企双制高技能人才评价体系探索的现实动力。

第二节　评价体系的基本内涵

校企双制高技能人才评价体系采取工作业绩评定与基本技能考核相结合的方式，通过校企双向评价后，由校企合作职业能力评价专家组给出综合评价结果，市人力资源和社会保障局颁发相应的职业资格证书。

一、基本技能考核

以国家职业标准为基础，结合企业岗位生产技能要求，组织培训考核。对全日制在校生采取结合教学计划实施的过程化考核与综合考核相结合的方法。过程化考核全部项目合格者，可综合计算基本技能考核成绩；对企业员工结合岗位技能要求，实行任务引领型培训方式，全部训练项目完成并合格者，可综合计算基本技能考核成绩。

二、工作业绩评定

工作业绩评定包括两部分：

第一，以企业岗位工作要求为标准，对员工、在岗实践的学生进行岗位工作能力的评价考核。企业以参评者一定时期内的岗位工作记录为依据，考核参评者岗位工作能力，尤其是在工作中取得的业绩和成果，包括其所完成的主要工作项目、现场解决技术问题的情况、技术改造与革新、工作效率和产品质量等方面的情况。

第二，以企业文化为基础，结合岗位规章制度要求和用人标准，对参评人员进行企业文化、职业道德等项目的培训，并负责组织对参评人员（含企业员工和学生）的职业道德、工作态度、与人合作等核心能力进行评价考核，可采用量表测评、上级评价和班组织评议相结合的方式。

第三节　评价体系的理论框架

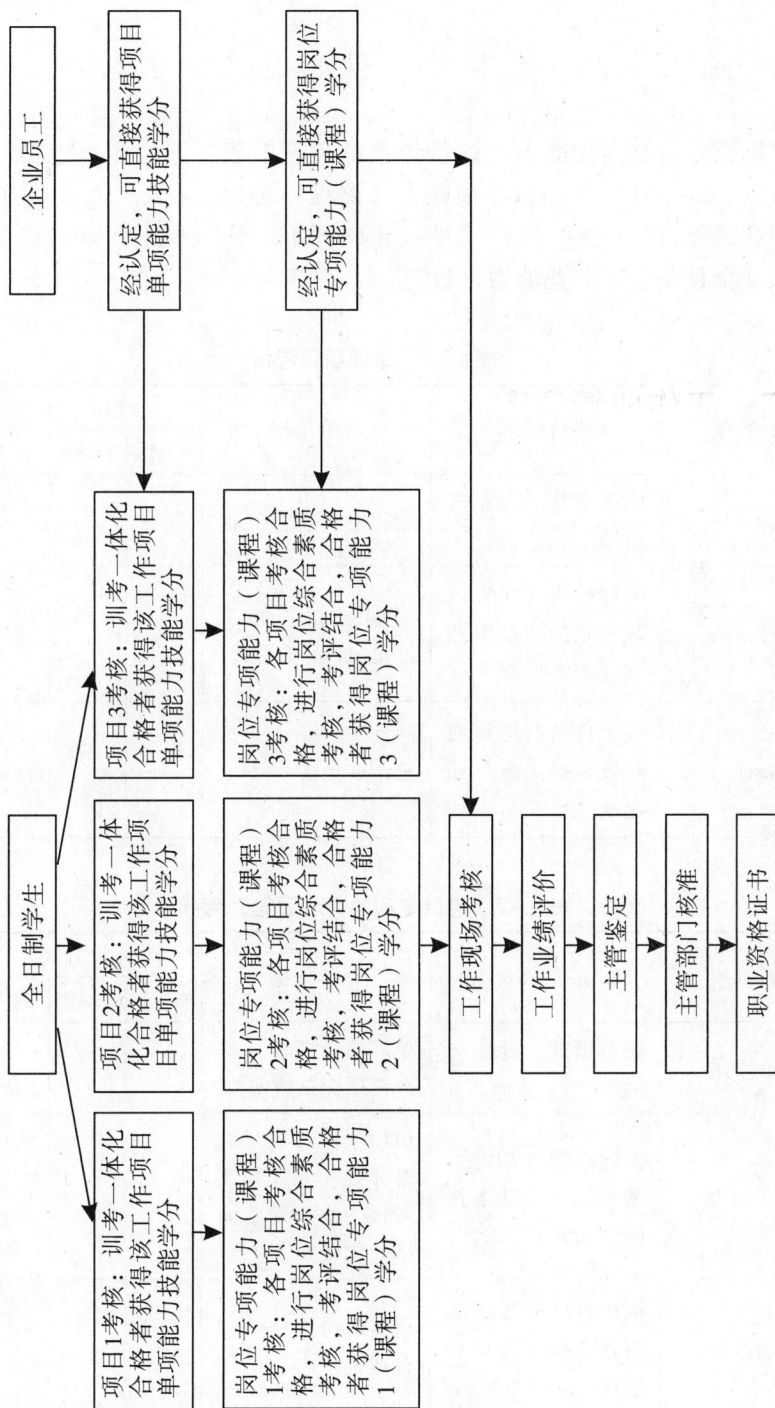

企业员工

经认定，可直接获得项目单项能力技能学分

经认定，可直接获得岗位专项能力（课程）学分

全日制学生

项目3考核：训考一体化合格者获得该工作项目单项能力技能学分

岗位专项能力（课程）3考核：各项目岗位综合素质考核，进行岗位结合考评核，合格者获得岗位专项能力3（课程）学分

项目2考核：训考一体化合格者获得该工作项目单项能力技能学分

岗位专项能力（课程）2考核：各项目岗位综合素质考核，进行岗位结合考评核，合格者获得岗位专项能力2（课程）学分

项目1考核：训考一体化合格者获得该工作项目单项能力技能学分

岗位专项能力（课程）1考核：各项目岗位综合素质考核，进行岗位结合考评核，合格者获得岗位专项能力1（课程）学分

工作现场考核

工作业绩评价

主管鉴定

主管部门核准

职业资格证书

图4-1　评价体系的理论框架

第四节 评价体系

根据校企双制高技能人才评价体系的理论框架，评价体系包括"单项项目考核"（表4-1）、"岗位专项能力（课程）考核"（表4-2）、"全日制学生工作业绩评价"（表4-3）、"毕业论文评审评分"（表4-4）、"校企合作技能人才全日制学生职业能力评价"（表4-5）。

表4-1 单项项目考核

评价要素	评价标准	评价依据	评价方式			权重
			小组	学校	企业	
职业素质	职业道德、合作沟通等	过程中观察、记录				20%
专业能力	关键技能（70%）；基本知识、基本技能（30%）	培训过程和结果评价				70%
创新能力	提出自己的见解或对教学提出意见和建议	总结、报告				10%

表4-2 岗位专项能力（课程）考核

评价要素	评价标准	评价依据	评价方式			权重
			小组	学校	企业	
职业素质	职业道德、合作沟通等	单项项目考核＋综合素质面试或实操				20%
专业能力	关键技能（70%）；基本知识、基本技能（30%）	单项项目考核＋综合评价（专业知识考核、综合素质面试或实操）				70%
创新能力	提出自己的见解或对教学提出意见和建议	单项项目考核＋综合评价				10%

表4-3　全日制学生工作业绩评价

姓名_____　　　　岗位_____　　　　拟评价工种及等级_____

评价项目	评价标准	评价依据	分值	考核分	考核人
基本要求 (指被评价者参评相应职业技术等级须具备的知识、技术和能力等基本条件)	1.				
	2.				
	3.				
工作业绩 (指被评价者在工作中取得的业绩和成果,包括所完成的主要工作项目、成果、现场解决技术问题的情况、工作效率和产品质量、职业道德、工作态度、与人合作等方面的情况)	1.				
	2.				
	3.				
职业能力 (指被评价者具备参评相应职业资格等级的职业能力,如:研修课题、论文、技术改造与革新、解决问题、指导、培训指导能力等)	1.				
	2.				
	3.				

表 4 - 4　毕业论文评审评分

姓名:			
论文题目:			
	评定项目	配分	成绩
1.			
2.			
3.			
4.			
5.			
小计			
答辩问题			
1.			
2.			
3.			
4.			
5.			
评价意见: 　　　　　　　　　　　　　　　评审专家签名:			

表 4－5　校企合作技能人才全日制学生职业能力评价

学院_____

姓名		班级	
专业		目前职业资格	
拟评价的工种		等级	
自我评价	个人在校专业学习情况、企业实习工作情况（包括工作量、完成项目、出勤率、差错率、投诉率、可行性建议、技术改造、课题、论文） 　　　　　　　　　　　　　　　　　　被评价人： 　　　　　　　　　　　　　　　　　　　年　　月　　日		
基本技能评价	应知考核成绩方面：_____分 实操考核成绩方面：_____分 　　　　　　　　　　　　　　　　鉴定所（签章）： 　　　　　　　　　　　　　　　　　年　　月　　日		
工作业绩评价	企业岗位知识成绩：_____分 企业生产实践评价成绩：_____分 　　　　　　　　　　　　企业评价工作小组（签字）： 　　　　　　　　　　　　　　　年　　月　　日		
深圳市职业技能鉴定指导办公室	理论考核成绩（基本技能应知考核成绩占 60%，企业岗位知识考核成绩占40%）：_____分 实操考核成绩（基本技能实操考核成绩占 40%，企业生产实践评价成绩占60%）：_____分 　　　　　评价： 　　　　　深圳市职业技能鉴定指导办（签章）： 　　　　　　　　　　　　年　　月　　日		

一、单项项目考核

根据项目课程教学大纲，采用过程化评价方式，评价内容包括职业素养、专业能力和创新能力三大方面，其中专业能力评价为重点。见第三章案例"制动系统维修"课程教学大纲。

二、岗位专项能力（课程）考核

按照基于工作过程的项目课程培养模式开发课程，采用过程化考核和综合评价相结合的方式，评价内容包括职业素养、专业能力和创新能力三大方面，其中专业能力评价为重点。见第三章案例"制动系统维修"课程教学大纲。

三、工作业绩评价

以技师工作站为平台，采用工作评价方式，评价内容包括基本要求、工作业绩和职业能力三大部分，其中职业能力评价见第二章第二节。

案例　　　　　　　　　　　表 4-6　全日制学生工作业绩评价

姓名_____　　　　　　　　岗位：<u>快递业务员</u>　　　拟评价工种及等级：<u>物流技师</u>

评价项目	评价标准	评价依据	分值	考核分	考核人
基本要求（指被评价者参评相应职业技术等级须具备的知识、技术和能力等基本条件）	1. 职业守则 ①热爱岗位，忠于职守；遵纪守法，尊师爱徒；讲求信誉，公平竞争；关心企业，善待顾客；热情服务，勤于思考；实事求是，注重调研；严于律己，认真负责；勇于开拓，善于创新。职业守则不具备不能参评 ②评价期内出勤率100%，该项得 10 分 ③评价期内出勤率99%～100%，该项得 8 分 ④评价期内出勤率98%～99%，该项得 6 分	考勤表、投诉记录、违纪情况	10		

（续上表）

评价项目	评价标准	评价依据	分值	考核分	考核人
	⑤评价期内出勤率低于98%，工作业绩评价不通过 ⑥有效投诉记录达到1次或以上的，工作业绩评价不通过 ⑦违纪次数为1次或以上的，工作业绩评价不通过				
	2. 基础知识 笔试，满分10分	快递（物流）业务活动基础知识、社交礼仪知识、相关法律法规知识考试	10		
工作业绩（指被评价者在工作中取得的业绩和成果，包括所完成的主要工作项目、成果、现场解决技术问题的情况、工作效率和产品质量、职业道德、工作态度、与人合作等方面的情况）	1. 工作（产品）质量 ①评价期内差错率为0，该项得100分 ②评价期内差错率为1%以内，该项得80分 ③评价期内差错率为1%~2%，该项得60分 ④评价期内差错率为2%及以上，工作业绩评价不通过	质量管理、评价记录或系统电子记录、差错率	20		
	2. 工作效率 ①评价期内工作效率比率大于120%，该项得10分 ②评价期内工作效率比率在110%~120%，该项得8分 ③评价期内工作效率比率在100%~110%，该项得6分 ④评价期内工作效率比率为100%或100%以内，工作业绩评价不通过	各岗位确定工作效率基数（进入评价期前提供，由系统记录或企业工作效率或工作量评价历史记录中位线数据决定），评价者工作效率可由系统电子记录或通过技能实操考核体现工作效率，如快递实操考核设定考核内容（打字、制单、查验、包装、客服、市场拓展等），制定考核标准，考核实操质量与速度，获得评价者工作效率	10		

（续上表）

评价项目	评价标准	评价依据	分值	考核分	考核人
	3. 合理化建议 评价期内提交合理化建议并被采纳 1 条及以上，该项得 10 分，否则该项不得分	合理化建议复印件、企业实施该合理化建议的文件复印件、项目实践研究报告应用效果评价复印件、项目研究报告复印件，复印件加盖公章并验原件	10		
	4. 指导新员工转正人数 ①评价期内指导新员工转正 3 人及以上，该项得 5 分 ②评价期内指导新员工转正 2 人，该项得 4 分 ③评价期内指导新员工转正 1 人，该项得 3 分 ④评价期内未指导新员工转正，该项得 0 分	行政人事部门新员工指导表复印件及员工转正文件复印件，复印件加盖公章并验原件	5		
	5. 企业综合考评 综合考评分数满分 10 分；企业综合考评 8 分以下（不包含 8 分），工作业绩评价不通过	企业设定考评指标及表格，组内互评，直属领导考评，部门考评（融入企业文化与职业道德内容），企业综合考评记录复印件，加盖公章并验原件	10		
职业能力（指被评价者具备参评相应职业资格等级的职业能力，如：研修课题、论文、技术改造与革新、解决问题、指导、培训指导能力等）	6. 研修课题选题	物流预备技师培养手册中课题申报表	5		
	7. 研修课题报告及答辩	研究课题报告及物流预备技师培养手册中研究报告评审与答辩评价表	10		
	8. 研修课题成果应用效果评估	物流预备技师培养手册中学生项目课题成果应用效果评价表	10		

说明：

评价时职业道德评价未通过，则工作业绩评价不得通过。工作（产品）质量评价期内差错率为2%及以上，工作业绩评价不通过。评价期内工作效率比率为100%或100%以内，工作业绩评价不通过。评价期为半年。

1. 评价工作准备

2012年10月21日—10月31日，评价小组成员学习评价文件，掌握评价指标与评价方法。

2012年11月1日—2012年11月30日，企业各岗位工作效率基数核定。

2012年12月1日—12月31日，校企合作评价学生确定，并把评价依据、评价标准发给每位被评价人员。

2. 评价工作实施

评价期分别为每年的1月1日至4月30日和9月1日至12月31日。

企业内评价依据单证由企业如实完成，指导教师及时复核。

评价小组评价时间为5月10日左右和1月5日左右。

评价结果公示时间为7天，如有弄虚作假，评价结果无效，两年内不得再进行评价。

项目实践报告评审及答辩在5月31日前完成。

评价结果及评价资料报鉴定办时间为6月10日前。

说明：评价期为9月1日至12月31日的评价结果，如项目实践报告答辩通过的可在3月15日前申报。项目实践报告未完成或虽完成未通过答辩的，工作业绩评价结果暂时保留，不予申报，保留期限为2年。

3. 工作要求

（1）评价依据的资料一定要真实，均以原始记录为准，不能补填补报。

（2）评价结果要公示7天。

（3）评价依据的原始资料复印件及评价结果要提交鉴定办存档。

第五节 评价体系的操作规程

《深圳市校企合作技能人才职业能力评价试点方案》（深人社发〔2012〕11号）中指出："以劳动者职业能力、工作业绩以及职业道德和职业知识水平为评价重点的人才评价体系总体要求为指引，注重国家职业标准与企业岗位要求相结合、教育培训考核与企业评价相结合，有步骤地开展校企合作技能人才岗位职业能力评价试点工作。"

为规范校企双制高技能人才评价模式的实施，特制定校企双制高技能人才评价模式的操作规程。

一、评价原则

（一）国家职业标准与企业岗位要求相结合的原则

根据专业市场调研职业能力分析开发课程，企业专家参与课程开发、教材开发、课程实施和评价，使考核评价内容既涵盖了国家职业标准，又与企业岗位要求相结合。

（二）教育培训考核与企业评价相结合的原则

教育培训考核注重能力评价，在学校实施，兼顾国家职业标准；企业评价强调以工作业绩为重点，在用人单位（企业）实施，突出企业用人标准。这一原则体现了校企双制高技能人才评价结果既坚持了国家资格证书的通用性，又兼顾了企业的个性需求。

（三）多种评价方式相结合原则

在单项能力考核中，采用教考一体的评价方式，注重过程性评价；在岗位专项能力即课程考核中，采用考评结合的评价方式，既注重专业能力考核，又注重方法能力和社会能力评价；在工作现场考核中，采用工作评价方式，以工作业绩评价为重点，辅以现场工作能力考核和主管鉴定，注重工作过程中综合素质的评价。

（四）多方评价主体参与原则

在单项能力考核中，以教师和学生自我评价为主；在岗位专项能力即课程考核中，以教师、小组、个人三方评价为主；在工作现场考核中，以企业评价为主。

二、评价对象

（1）本市职业院校已开办校企合作办学的专业班级学生和企业相应岗位员工。

（2）评价试点工种和等级限于本市职业院校已开办校企合作办学专业的中级、高级和技师以及合作企业本岗位员工的初、中、高级和技师。

三、申请条件

（一）申请初级工考核评价人员的条件

（1）在本企业本岗位工作1年以上，参加相应职业培训，企业同意参加评价试点的员工。

（2）在本企业本岗位工作满1年，具有中等职业学校以上学历，企业同意参加评价试点的员工。

（二）申请中级工考核评价人员的条件

（1）职业院校属于试点范围的学生，且完成中级工培养教学计划规定的学业。

（2）本企业本岗位工作 3 年以上，具有高中以上学历，参加相应职业培训，企业同意参加评价试点的员工。

（3）在本企业本岗位工作满 2 年，具有中等职业学校以上学历，企业同意参加评价试点的员工。

（三）申请高级工考核评价人员的条件

（1）职业院校属于试点范围并已经取得中级职业资格的学生。

（2）在本企业本岗位工作满 2 年，具有中级工职业资格证书，参加相应职业培训，企业同意参加评价试点的员工。

（3）具有相应专业助理级技术职称且在本企业相应岗位生产一线工作满 1 年，企业同意参加评价试点的员工。

（4）在本企业本岗位工作满 3 年，具有相应专业本科以上学历，企业同意参加评价试点的员工。

（5）属于试点范围的技师学院或者高级技工学校学生，培养目标为高级工且完成高级工培养教学计划规定的学业。

（四）申请技师考核评价人员的条件

（1）属于试点范围技师学院已取得高级职业资格的学生并完成经政府认定的技师工作站课题。

（2）已被企业安排在技师岗位（国家职业标准所列的技师岗位）工作 1 年以上的员工，且已取得高级工职业资格证书。

（3）具有中级及以上专业技术职称且在生产一线工作及从事技术指导、工艺操作满 2 年的员工。

（4）高等职业院校本专业毕业，从事专业技术工种连续满 2 年，且取得高级职业资格证书，经企业评审确认为本企业技术骨干并推荐参加试点的员工。

（5）取得高级职业资格证书后经技师课程培训，企业组织专家评审和现场考核，确认为有技能专长的本企业本岗位员工。

四、评价工作要求

（1）校企合作职业能力评价试点职业（工种）教学计划、考核大纲、教材等教学文件的编制应有企业专家参与，企业专家应参与专业主干课程的教学。

（2）基本技能考核由职业院校职业技能鉴定所负责组织，基本技能中的应知考核成绩占理论考核总成绩的 60%，实操考核成绩占实操考核总成绩的40%。

（3）工作业绩考评由企业评价工作小组组织实施，其中企业岗位知识考核成绩占理论考核总成绩的40%，企业生产实践评价成绩占实操考核总成绩的60%。经专家评审的参评人员业绩考核材料，需在企业内公示并无异议。

（4）基本技能考核成绩和工作业绩评价的成绩，由市职业技能鉴定指导办综合计算后，作为核发职业资格证书的理论知识和操作技能考核成绩。

五、评价步骤

（1）成立"校企合作职业能力评价试点"领导小组、校企合作职业能力评价试点工作专家小组以及企业技能人才职业能力评价工作小组等组织机构。

（2）企业和职业院校联合向市职业技能鉴定指导办公室提出开展"校企合作职业能力评价试点"申请，并按专业制订具体试点实施方案，经市职业技能鉴定指导办公室组织专家评审并同意后，以文件形式批准开展试点工作。

（3）企业技能人才职业能力评价工作小组受理企业职工、校企合作办学在企业参加生产实践的职业院校学生参评申报，并指导参评人员填写申报表，并将参评人员申报材料报市职业技能鉴定指导办公室进行资格审核和备案。

（4）职业院校组织参评人员进行基本技能培训和考核；企业评价工作小组组织参评人员进行岗位知识、企业文化等培训和考核，经考核合格者，由企业评价工作小组在企业内公示参评人员的业绩，对无异议者，由企业评价工作小组组织评审专家组对参评人员的工作业绩、工作能力进行评定。

（5）试点办公室按照要求将评审结果报市职业技能鉴定指导办公室复核后，由市人力资源和社会保障局颁发相应等级的职业资格证书或专项能力证书。

参考文献

一、政策文件

1. 《广东省技工院校"校企双制"办学指导性意见》（粤人社发〔2012〕178 号）

2. 《关于贯彻落实汪洋书记在惠州市技师学院讲话精神加快建立技工教育体系的通知》（粤人社发〔2012〕4057 号）

3. 《深圳市校企合作技能人才职业能力评价试点方案》（深人社发〔2012〕11 号）

4. 《关于开展深圳市技师工作站认定工作的通知》（深人社〔2010〕47 号）

5. 《关于推动高级技工学校技师学院加快培养高技能人才有关问题的意见》（劳社部发〔2006〕31 号）

6. 《关于印发〈深圳市高技能人才技能振兴计划重点项目实施方案〉的通知》（深人社发〔2012〕23 号）

二、专著

1. 石伟平，徐国庆. 职业教育课程开发技术. 上海：上海教育出版社，2006.

2. 徐国庆. 职业教育项目课程开发指南. 上海：华东师范大学出版社，2009.

3. 姜大源主编、吴全全副主编. 当代德国职业教育主流教学思想研究. 北京：清华大学出版社，2007.

4. 广东省职业培训和技工教育协会. 现代技工教育体系研究与实践. 广州：广东科技出版社，2012.

三、期刊论文

1. 姜大源. 世界职业教育课程改革的基本走势及启发——职业教育课程开发漫谈. 中国职业技术教育，2009（27）.

2. 赵志群. 关于行动导向的教学. 职教论坛，2008（20）.